Pici

»Nahaufnahmen«

Robert Scheer

Pici

Erinnerungen an die Ghettos Carei und Satu Mare und die Konzentrationslager Auschwitz, Walldorf und Ravensbrück

Die Deutsche Bibliothek verzeichnet diese Publikation
in der Deutschen Nationalbibliografie.
Detaillierte bibliografische Daten sind im Internet abrufbar unter
http://dnb.d-nb.de

Die Übersetzung aus dem Ungarischen in die deutsche Sprache
stammt von Robert Scheer. Sie wurde größtenteils so beibehalten.

Besuchen Sie uns auch im Internet:
www.marta-press.de

1. Auflage März 2016
© 2016 Marta Press, Verlag Jana Reich, Hamburg, Germany.
Lektorat: Nicolli Povijač, Florian Hunger
© Umschlaggestaltung: Niels Menke, Hamburg.
Printed in Germany.
ISBN 978-3-944442-40-2

*Wir werden niemals in der Lage sein,
den anderen zu sagen, wie es dort wirklich war.*

Wil Wolthuis-Bertholée

In Erinnerung an Elisabeth Scheer,
geborene Meisels, genannt "Pici" ("die Kleine")

* 1924 - † 2015

Inhalt

ANHANG

2014

Ich besuchte im März 2014 meine Oma Elisabeth Scheer, genannt Pici, in Israel, wo sie seit 1986 lebte. Sie wohnte zusammen mit meinen Eltern in einer Wohnung und hatte dort ihr eigenes Zimmer. Es fehlte ihr an nichts. Sie freute sich, in ihrem Alter nicht auf sich allein gestellt zu sein. Ich kam aus meiner Wahlheimat Deutschland, um endlich ihre Geschichte zu hören. Ihr 90. Geburtstag war der richtige Anlass für so ein intimes Gespräch. Auf Ungarisch, versteht sich – meine und ihre Muttersprache. Die Sprache meiner Familie.

Worauf ich schon so lange gewartet hatte, um genau zu sein vierzig Jahre, konnte endlich losgehen. Einige wenige Dinge verwirklichen sich im Leben doch noch, sagte ich mir, fast gegen alle Erwartungen …

Alter & Erinnerung

Willst du wirklich meine Geschichte hören?«, wollte Pici sicher gehen.

»Ja«, sagte ich und legte das Aufnahmegerät neben sie. Dann setzte ich mich bequem in ihrer Nähe auf das Sofa. Draußen strahlte unsicher die um diese Morgenstunde noch kraftlose Sonne.

»Am 11. März des Jahres 1924«, so begann meine Oma, »also vor neunzig Jahren, war Carei eine kleine, schläfrige Stadt. Der Frühlingswind wehte angenehm über das mittelalterliche Schloss, das einmal ungarische Grafen bewohnt hatten. Ihr Geschlecht hatte die Stadt Mitte des dreizehnten Jahrhunderts gegründet, und zur Anerkennung dieser schöpferischen Tat, die später zur Blütezeit der ganzen Region beigetragen hatte, wurde diese Stadt nach der adligen Familie Károlyi benannt.«

Ob ich das wusste? Ja.

»Mindestens zehn Prozent von den zwanzigtausend Einwohnern der Stadt waren Juden. Von zwanzigtausend Menschen waren also ungefähr zweitausend Juden, die nun 1924, erschöpft nach der Fastenzeit, auf ein richtiges Purimfest hofften. Solch fröhliche Feiertage gab es für die Juden im Jahreslauf nur selten. Fröhlichkeit fungierte bloß als Mittel zum Zweck, sorgte für ein kurzweiliges Vergessen des Alltäglichen, des Banalen. Damit sollte man an das Wichtigste noch schärfer erinnert werden, welches nicht aus den Augen verloren werden durfte: das Lebensbestimmende. Stets mit jedem

Gedanken um den Herrscher und Schöpfer der Welt kreisend, den Blick nach oben, Richtung Himmel, gerichtet. Es wurde geglaubt, dass der Mensch von Gott erschaffen wurde. Also an und für sich war er, der Mensch, hilflos, abhängig von einer mysteriösen Kraft, die er, der Mensch, nicht im Stande war, selbst zu begreifen. Über diese Kraft, ihre Verbote und Gebote, konnte man in einem Buch mit hebräischen Buchstaben nachschlagen. Einer seiner vielen Namen lautete Elohim. Natürlich meine ich die Bibel, das Alte Testament, die Bibel der Juden.

Durch die Jahrtausende gewöhnte man sich an, den Trauertagen mehr Achtung als den Feiertagen zu schenken, denn sie waren es, die überwiegend den Lebensablauf einer jüdischen Familie bestimmten. Kummer war von Dauer, während das Lachen irgendwann erlöschte.«

Pici machte Halt, schaute mich blinzelnd an und sagte: »Nie hätte ich gedacht, dass ich dieses biblische Alter von neunzig Jahren erleben werde.«

Sie machte eine kurze Pause. Ihren Kopf leicht in die Höhe hebend, schaute sie auf die Wand, wo sich das Foto meines Großvaters befand. Sein Bild zeigte das Gesicht eines jungen, lachenden Mannes. 2007 starb mein Opa mit sechsundneunzig Jahren. Er war dreizehn Jahre älter als Pici.

»Wir alle müssen irgendwann sterben«, stellte Pici fest. »Es ist nicht schön, alt zu werden, das kann ich dir sagen. Ein alter Mensch ist wie ein Kind. Er braucht Liebe, viel Liebe. Es ist furchtbar, nicht mehr gebraucht zu werden, eine Last zu sein. Als ich noch jung war, galt ein Vierzigjähriger schon als alt. Ein Fünfzigjähriger war schon sehr alt. Und ein Sechzigjähriger, nun ja, eine solche Kuriosität zu entdecken war eine Seltenheit, es gab sie, aber nur wenige, denn die meisten waren schon längst tot, bevor sie das siebzigste Lebensjahr erreichen konnten. Die Lebenserwartung war geringer als heute, viel geringer. Wenn ich damals gewusst hätte, dass ich Neunzig werde! – Und die Zeit vergeht schnell.

Ich kann mich noch gut erinnern, wie ich deine Hand gehalten habe, als du ein Kind warst. Ich habe dich jeden Tag zum Kindergarten gebracht und dich von dort abgeholt. Es scheint mir, als wäre es gestern gewesen. Und jetzt bist du Vierzig. Das kleine Kind, das meine Hand gehalten hat und nicht loslassen wollte, das immer wieder der Kindergärtnerin sagte: ›Pici anrufen, Pici anrufen‹, denn du wolltest nach Hause und bei mir sein.«

Pici lachte auf und sagte: »Interessanterweise kann ich mich besser erinnern an das, was vor vielen Jahrzehnten passiert ist, als an das, das vor einer Woche oder vor zwei Wochen geschehen ist. Es ist so, als lebte ich mehr in der Vergangenheit als in der Gegenwart. Und Zukunft, ha, an die Zukunft denke ich überhaupt nicht. Wozu? Was kann schon die Zukunft einer Neunzigjährigen sein? Für mich gibt es bereits seit einer Weile keine Zukunft mehr. Für einen jungen Mensch, dessen Leben erst anfängt, für so jemanden gibt es unendlich viel Zukunft und kaum Vergangenheit, während es für einen alten Menschen wie mich so gut wie gar keine Zukunft mehr gibt. Nur noch Vergangenheit, nur die Erinnerungen eines Lebens, den Schatten. Die Jugend ist das Licht, das Alter ist der Schatten. Und vielleicht ist das Erwachsensein eine Mischung aus Licht und Schatten, nicht wahr? Jedenfalls ist es so allemal für mich«, fuhr Pici fort. »Ich kann mich an allerlei mögliche Kleinigkeiten erinnern, die sich in meinem Leben vor fünfzig oder sechzig Jahren ereigneten, an die kleinsten Details, an die Farbe eines Kleides, an einen Knopf auf einem Mantel, an eine Bluse, an einen Haarschnitt. An eine Menge Details aus dieser Zeit kann ich mich einwandfrei erinnern, und was vor einigen Wochen geschah, weiß ich nicht mehr. Ha!

Mein Leben ist durch und durch ereignislos geworden, um nicht zu sagen langweilig. Allerdings beschäftige ich mich. Und Gott sei Dank ist mein Kopf noch in Ordnung. Ich kann noch denken, klar denken, findest du nicht?«

Ich bejahte.

»Meine Kehle ist ein wenig trocken«, sagte Pici.

»Trink ein wenig Wasser«, sagte ich.

Pici nahm die schwere, mit Mineralwasser gefüllte Zwei-Liter-Plastikflasche in ihre beiden kleinen Hände und trank daraus so gut es ging.

»Besser! Ich hatte Durst.«

»Im Nahen Osten muss man viel trinken«, sagte ich.

»Ich trinke ziemlich viel«, sagte Pici.

»Gut«, sagte ich.

»Du sollst auch viel trinken«, sagte Pici.

»Du hast Recht«, sagte ich. – So pflegte ich es oft zu sagen, als ich noch jung war: ›Mondta Pici‹, Pici hat Recht.

»Ja«, sagte Pici plötzlich, »nun ist sogar mein letzter Freund gestorben, Zolika, er war dreiundneunzig. Wir haben uns sehr viele Jahre gekannt. Schon in Rumänien kannten wir einander und waren befreundet. Du weißt es ja, er war der letzte aus meiner Generation, den ich kannte. Alle anderen sind gestorben. Nicht mehr viele sind übrig von dieser bald ganz und gar verschwundenen Generation. Es dauert nicht mehr lange, bis alle gestorben sind. Es ist nur natürlich so … Vor zwei Wochen brachte mir dein Vater das Telefon. Zolika witzelte erst mit ihm und dann mit mir. Er war guter Laune. Ich sagte zu ihm: ›Zolika, das Alter ist so grauenvoll‹, und er beruhigte mich, so wie er in früheren Zeiten seine Patienten beruhigt hatte. Er war der beliebteste Arzt in Carei und Umgebung. Alle liebten ihn. Und als er in den Siebzigern nach Israel emigrierte, war er auch hier sehr beliebt und geschätzt. Er praktizierte noch jahrelang in seinem Beruf in Israel und ging sehr spät in Rente. ›Sie sind ja gesund‹, sagte Zolika zu mir: ›Sie haben gar kein Problem‹, und ich sagte zu ihm: ›Zolika, das Alter ist das Problem‹, und er meinte, ich solle mich nicht beschweren, meine Situation könne schlimmer sein, viel schlimmer. Da musste ich ihm Recht geben. ›Sie müssen mir dennoch zustimmen, dass das Alter nicht gerade ein Zuckerschlecken ist.‹ Zolika lachte, ich lachte, wir beide lachten. ›Kein Zuckerschlecken‹, sagte er, ›gewiss, da muss ich Ihnen zustimmen.‹ Und so redeten wir lange noch am Telefon. Er erzählte mir etwas über seine Familie, ich erzählte ihm von meiner. Häufig erwähnte er seinen Enkel, der in der Armee gestorben war. ›Eine Tragödie‹, pflegte Zolika zu sagen. Und manchmal redeten wir über seine Frau, die viele Jahre krank war. Sie hatte Alzheimer. Jahre über Jahre war sie nicht bei sich, nur noch ein Schatten ihrer selbst, und er, Zolika, musste all dies miterleben. Eine Frau, die er liebte, die aber seelisch längst tot war. Sie vegetierte nur noch vor sich hin. ›So ist Alzheimer‹, sagte Zolika. Glücklicherweise hatten beide Unterstützung. Eine ungarische Haushaltshilfe passte auf alles auf, schaffte Ordnung, kochte und erledigte alles, was nötig war. Sie sorgte für einen ordentlichen und sauberen Haushalt und gab sich redlich Mühe, es den Alten so bequem wie möglich einzurichten. ›Ein Segen‹, sagte Zolika über seine Haushälterin. So verlief alles einigermaßen erträglich. Zolikas Frau konnte zu Hause bleiben.

Am nächsten Tag kam dein Vater zu mir. Er war blass, aufgeregt. Ich fragte ihn, was los sei. Er sagte, ich solle mich nicht aufregen. ›Warum sollte ich mich aufregen‹, fragte ich ihn. ›Zolika ist heute Morgen gestorben. Er fühlte sich nachts nicht wohl‹, fuhr dein Vater langsam fort, ›er wurde ins Krankenhaus eingeliefert und starb.‹«

Pici schaute ins Leere, seufzte und sagte: »Nur ein paar Stunden vorher habe ich noch mit ihm gesprochen, gelacht, er hat mich beruhigt, und kurze Zeit später ist er nicht mehr da! So schnell kann es gehen.«

»Er hatte ein schönes Leben und einen leichten Tod«, sagte ich, »viele würden sich so etwas wünschen, nur dass nicht alle so ein Glück haben.«

»Ja«, sagte Pici, »das sagte auch dein Vater zu mir, und ich stimme natürlich zu. In der Tat hatte er ein schönes Leben gehabt, eine gute Familie, ja, ich denke, Zolika war zufrieden mit seinem Leben. Ich glaube, er starb glücklich. Als Arzt wusste er mehr über den Körper als ich. Er wusste genau, was das Alter bedeutet. Zolika hatte viele Menschen sterben sehen … es ist nur, dass es so schnell ging, verstehst du?«

Ich nickte.

»Er war mein letzter Freund«, sagte Pici mit trauriger Stimme, »ich kenne keinen Menschen meiner Generation mehr.«

Familienleben in Carei

Ich weiß nicht, wie es bei meiner Geburt war. Wahrscheinlich freuten sich meine Eltern über ihr viertes Kind. Vermutlich sehnten sie sich jedoch nach einem männlichen Kind, einem Erben. Für die Juden ist es ja wichtig – jedenfalls war es damals wichtig – einen Sohn zu haben. Deswegen wollten auch meine Eltern bestimmt einen Sohn haben. Aber sie haben mich bekommen, ein weibliches Wesen. Ich war das vierte Kind, die vierte Tochter.

Noch eine Tochter, hat mein lieber Vater vielleicht gedacht. Vielleicht dachte er aber auch nicht so. Nein, bestimmt war es ihm vollkommen Recht, so wie es war. Sicherlich freute er sich über mich. Wir waren eine glückliche jüdisch-orthodoxe Familie«, sagte Pici. »Ja, meine Eltern waren religiös und stammten selbst aus religiösen Elternhäusern. Damals war die Welt noch anders, nicht so schnelllebig wie heute. Auch die Menschen waren anders. Alles war anders.

Leona war dreizehn, Anna zehn und Ilona sieben Jahre alt, als ich geboren wurde. Meine Mutter Gizella, geborene Schlesinger, war ca. 34 Jahre alt, als sie mich gebar. Nach mir kam noch der lang ersehnte Sohn Béluska zur Welt. Bei seiner Geburt freuten sich meine Eltern gewaltig.

Mein Vater hieß Herman Meisels. Er war Holzhändler. Dieser Beruf war ihm vertraut, denn sein Vater übte denselben Beruf aus. Er hatte einen Holzhandel in einem Ort namens Kőrösmező. Dort, in Kőrösmező, wurde mein

Vater geboren. Heute liegt der Ort in der Ukraine, früher war er Teil der österreich-ungarischen Monarchie.

In meiner Zeit als Kind war Carei eine ländlich geprägte Provinzstadt mit mehr als zweitausend Juden, die zum großen Teil Geschäftsleute oder Gewerbetreibende waren, und ihnen war es gestattet, ihre Religion frei auszuüben. Zwei große Synagogen gab es in der Stadt, eine orthodoxe und eine liberale. Es gab Schächter, Schojhet, wie sie auf Jiddisch hießen. Es gab eine Schlachterei, die die Juden mit einer Vielfalt an Fleisch belieferte. Metzger, die alles nach jüdischer Sitte herstellten, gab es ebenfalls. Es gab auch kulturelle Einrichtungen, zum Beispiel solche, in denen man Religionsunterricht erhalten konnte. Wir nannten sie Talmudtore. Es gab Rabbiner, die Beerdigungsgesellschaft *Chewra Kadischa*, eine Organisation für jüdische Frauen, Sozialhilfe für Bedürftige, eine Schule, zwei zionistische Jugendorganisationen, *Noar Zioni* und *Bejtar*. Natürlich gab es auch Friedhöfe. Zwei Friedhöfe gab es.«

»Über wen soll ich erzählen?«, fragte Pici.

»Erzähl etwas über deinen Vater«, sagte ich.

»Über meinen Vater?« Pici strahlte plötzlich. Ihre traurige Miene wandelte sich in Fröhlichkeit, sie wirkte positiv betroffen. Ich wusste, wie sehr sie ihren Vater liebte und sie sich ihm verbunden fühlte.

»Bevor mein Vater heiratete«, sagte Pici, »hatte er einen Textilhandel in der Stadt Sziget, den er gemeinsam mit seinem Freund und Geschäftspartner führte. Während des Ersten Weltkrieges zog mein Vater – wobei er den Wünschen meiner Mutter folgte –, nach Carei, wo er ein altes, mit einem Schilfdach versehenes Haus kaufte, das er mit der Zeit renovierte und in Ordnung brachte. Das Besondere an dem Haus war, dass es einen riesengroßen Hof und großen Garten gab, die beide für die Lagerung von Brennholz und Brettern ausreichten. Ich wurde in dem 2-Zimmer-Haus geboren. Die friedliche, jüdisch-orthodoxe Familie lebte ein glaubenstreues Leben, ohne es zu übertreiben.«

Abbildung 1: Das Hochzeitsfoto von Pici`s Eltern.
Gizella und Herman Meisels

Abbildung 2: Pici`s Elternhaus in Carei

»Was war deine erste Erinnerung?«, fragte ich.

»Meine erste Erinnerung? Wahrscheinlich ist meine erste Erinnerung die Hochzeit meiner Cousine Piroska Schlesinger«, sagte Pici, »bei der ich Brautjungfer war. Ich gefiel mir selbst sehr mit meinem rosa Seidenkleid.

Am Tag der Hochzeit war Großvater Mór Schlesinger vierundachtzig Jahre alt und schon sehr schwach. Sein Sohn war der Vater der Braut, Dezső Schlesinger. Mór sagte zum Vater der Braut, er solle ruhig zurück zu der Hochzeit gehen, er wolle nicht stören. Der alte Mann war ganz klar. Und so geschah es auch, es wurde weiter gefeiert, und nach der Hochzeit versammelten sich die Töchter und zwei Söhne meines Großvaters (seine anderen zwei Söhne, Náci und Vilmos, waren längst in die USA ausgewandert) um sein

Bett, wo Mór in aller Stille in die Ewigkeit ging. Er rezitierte sogar selbst das Totengebet Widuj.

Mein Großvater mütterlicherseits war früher Buchhalter beim Holzdepot *Bing und Singer* gewesen, aber als die Familie größer wurde – insgesamt zehn Kinder – konnten sie von dem Beamtenlohn nicht mehr leben. Also eröffnete er einen Gewürzladen, der hauptsächlich eine Kneipe war, und Dank diesem Geschäft konnte er seine sechs Töchter mit einer Aussteuer für ihre Hochzeiten versehen. Meine Großmutter Málká war eine sehr scharfsinnige, geschickte und kluge Frau. Ihre Figur war meiner ähnlich.«

»Eine schöne Frau also«, sagte ich geschwind.

Pici lachte und meinte, sie wäre nicht so schön, sie sei ja nicht einmal anderthalb Meter groß und ein wenig übergewichtig, nein, sie sei nicht schön.

»Meine Großmutter«, fuhr Pici fort, »war viel klüger als ich. Sie starb 1938. Sie war knapp so alt wie ich heute, dennoch konnte sie das Leben der Großfamilie leiten. Sie war eine großartige Frau.«

»Bist du auch«, sagte ich.

»Bin ich wirklich nicht«, sagte Pici bescheiden und erzählte weiter: »Meine Familie wohnte in einem Viertel der Kleinstadt, in dem es außer uns keine Juden gab, nur Ungarn und Rumänen. Mit allen pflegten wir ein gutes Nachbarschaftsverhältnis, es gab mit niemandem Streit. Mein Vater war ein sehr kluger, weiser, toleranter Mensch. Ich habe nicht die geringste Ahnung, was für eine Schule er besucht hatte. Ich weiß nur, dass er in Lemberg aufwuchs, bei seinem Großvater namens Béris. Mein Vater besuchte dort, bis er vierzehn Jahre alt war, die Jeschiwa und bekam Privatstunden von einem Lehrer aus Wien. Dieser war aus seiner akademischen Tätigkeit entlassen worden, weil er zu viel Alkohol trank.«

»Und nun will der Staat Israel alle Haredim von ihren Jeschiwas in die Armee holen«, sagte ich.

»Ich weiß nicht, ob es richtig ist oder nicht«, sagte Pici.

»Man kann es so oder so sehen«, sagte ich. »Es wird behauptet, alle müssen zur Armee, was eine Zumutung ist, eine falsche Einstellung, so, als wären alle Menschen für so etwas geeignet. Männer müssen drei Jahre dienen. Frauen ein Jahr weniger.«

»Du hast nicht gedient«, sagte Pici.

»Nach zweieinhalb Monaten wurde ich entlassen«, sagte ich, »weil ich nicht mehr dienen wollte. Ich war also drin und wusste, dass ich sobald wie möglich raus muss. Obwohl ich erst achtzehn oder neunzehn war. Auch wenn mich einige als einen Träumer und als dumm bezeichnen, aber ich bin überzeugt: Die Armee muss abgeschafft werden. Und zwar alle Armeen der Welt. Ich kann mich in die Gläubigen einfühlen, die unter gar keinen Umständen Soldaten sein möchten. Letztendlich bin ich nicht viel anders als diese Jeschiwa-Leute, obwohl ich kein Gläubiger bin. Nein, ich bin ein Agnostiker, denn ich habe keine nennenswerte Erkenntnis darüber, ob es nun einen Gott gibt oder nicht, während die Gläubigen gnostisch sind. Sie glauben, die Wahrheit zu kennen. Hier haben die Jeschiwa-Besucher und ich ganz andere Ansichten, das ist wahr. Aber sie und ich haben gemein, dass wir unser Leben selbst bestimmen wollen. Sie denken, dass der Gott der Bibel ihr Leben bestimmt und sie möchten beten und lernen. Und ich meine, es sei die Kunst, die das Leben bestimmen sollte.«

»Man sollte die Vielfalt nicht unterschätzen«, sagte Pici weitsichtig.

»Eben«, sagte ich. »Keine Gesellschaft, die seine jungen Landsleute zwingt, in der Armee zu sein, kann normal sein. Auch im 21. Jahrhundert existieren noch ernsthaft Legenden und Mythen wie Vaterland, Wir-sind-besser-als-die-anderen und solche anachronistischen Begriffe. Ich glaube nur an den Menschen, genauer an das Individuum. Und sogar an das Individuum glaube ich letztendlich nicht. Ich weiß überhaupt nicht, ob ein Begriff wie *Glaube* sinnvoll ist. Vielleicht ist er es, aber ich bin nicht so weit, so etwas zu behaupten. Ich weiß es wirklich nicht.«

»Interessant«, sagte Pici. »Nach neunzig Jahren bin ich ziemlich überzeugt, dass es keinen Gott gibt. Nicht nachdem, was passiert ist. Meine ganze Familie wurde verbrannt. Millionen wurden ausgelöscht. Was für ein Gott ist das, der so etwas zulässt. Nein, so etwas gibt es nicht. Es gibt viele Dinge, die wir nicht verstehen, aber ein Gott, der Gott der Religion, ist ein Mythos.«

»Langsam«, sagte ich zu Pici, »dazu kommen wir noch. Erzähl lieber weiter über die Familie.«

»Also ich weiß nicht, welche Schule mein Vater besucht hatte«, sagte Pici, »aber er hatte Ahnung von Mathematik, Algebra, Sternkunde, Recht, er sprach und schrieb Ungarisch, Hebräisch, Rumänisch, Deutsch, Jiddisch und Russisch – denn er wurde in Kőrösmező geboren. Die Religionsphilosophie lag ihm sehr am Herzen, Raschi und Rambam und andere, an die ich mich nicht mehr erinnern kann. Meine Mutter war eine echte jiddische Mame, sie machte alles für ihre Kinder. Mit kraftvoller und geschickter Hand führte sie das Familienleben. Vom Vater habe ich nie ein lautes oder grobes Wort gehört. Ich denke, wir waren keine schlechten Kinder, obwohl es ja ab und zu Auseinandersetzungen zwischen uns gab. Und wenn wir so etwas sagten wie *Gott bestrafe*, dann sagte Vater immer *Gott soll ihr aus euren Streitereien heraus lassen*. Vater mochte lauten Streit nicht, in dieser Sache bin ich ihm ähnlich.«

Eine kurze Pause entstand. Pici wirkte nachdenklich, vielleicht sogar nostalgisch. Ihr Blick war nach oben gerichtet.

Dann lachte Pici und sagte: »Ich habe noch eine Erinnerung an meinen lembergischen Urgroßvater Béris. Es gab ein wunderschönes, grünes Seidenfotoalbum, in dem sich eine musikalische Vorrichtung befand. Wenn Mutter mich und meinen kleineren Bruder Béluska ins Bett brachte, weil wir Fieber hatten (jedes Jahr suchte uns ein- oder zweimal eine Mandelentzündung heim), blieben wir nur ruhig im Bett, wenn wir das musizierende Fotoalbum bekamen. In diesem Album waren die Fotos von meinen Verwandten, also auch eines von meinem Urgroßvater Béris. Es war ein völlig vergilbtes, ovales Bild. Ich sehe es noch vor mir. Er hatte einen langen, weißen Bart und auf seinem Kopf eine Kippa.«

»Béris war der Großvater deines Vaters, nicht wahr«, sagte ich, um sicher zu gehen, ob es stimmte.

»Ja«, sagte Pici, »er war mein Urgroßvater väterlicherseits. Mein Vater liebte seinen Opa sehr, er sprach mehr von ihm als von seinem Vater. Ich könnte noch weiter über die Geschwister und Eltern meines Vaters erzählen, aber dann wäre es vielleicht zu viel, oder?«

»Wie du möchtest«, sagte ich.

»Was möchtest du noch wissen?«, fragte Pici.

»Wann bist du dir deiner Religion bewusst geworden?«

»Dass ich Jüdin bin?«

»Wenn du so willst … ja«, sagte ich.

»Ich denke, ich war fünf«, sagte Pici, »als ich zum Kindergarten ging. Schon damals war mir bewusst, dass wir Juden sind. Ich weiß nicht genau, woher ich das wusste. Ob meine Eltern es mir gesagt hatten? Ob es in mir war in der Stunde meiner Geburt? Ob es an dem Anzünden der Kerze am Freitagabend lag? Oder dass mein Vater und mein Bruder am Samstag die Synagoge besuchten? Das koschere Essen? Oder dass mein Bruder Béluska mit drei Jahren den sogenannten Hajder besuchte und das hebräische Alphabet beherrschte? Oder lag es daran, dass Rabbi Császár zu uns nach Hause kam, um mich Hebräisch zu lehren? Bei uns gab es kein Schweineschlachten. Am Samstag waren fast alle Geschäfte zu – denn sie gehörten Juden. Es waren nur wenige Geschäfte in der Stadt, die nicht Juden gehörten; man konnte sie an einer Hand abzählen. Ich wusste, dass man für Brot, Obst, Wein, Händewaschen und wenn ein Regenbogen gesichtet wurde, einen Segen sagte. Es war so, als hätte ich diese Dinge schon immer gewusst. Ich hatte aber keine Ahnung, dass andere all dies als eine Sünde betrachteten, und dass Nichtjuden die Juden hassten, öffentlich oder diskret, und dass es nur wenige Ausnahmen gab, in denen ein Christ mit einem Juden denselben Rang teilte. Die meisten Menschen haben die Existenz der Juden damals bloß geduldet. Manchmal waren sie gezwungen, Ausnahmen zu machen und die Juden anzuerkennen, die herausragende Fähigkeiten hatten. Mit Bedauern nahmen sie wahr, dass es unter den Juden talentierte Menschen gab. So war die Atmosphäre der 1930er Jahre. Dies spürte jeder Jude, und ich als Kind auch.

Auf diesen Fakt wurde ich durch ein Erlebnis aufmerksam, als ich vier oder fünf Jahre alt war. Eines Tages kam ich von dem Mayténystraße-Kindergarten nach Hause und merkte plötzlich, dass ich von einem Kindergartenkind verfolgt wurde. Der Junge war älter als ich, groß und schrie: ›Jude! Jude!‹ Er trat absichtlich auf meinen Schuh und ich fürchtete mich gewaltig, denn ich war klein. Ich hatte Angst, dass der Junge mich schlagen würde.

Aber er drohte nur, dass er mich schlagen würde. Er wagte es letztendlich nicht, mir weh zu tun.«

Pici atmete tief ein und erzählte weiter.

»Als ich verstört nach Hause kam, wollte meine Mutter wissen, was passiert war. Ich sagte: ›Laci Roth hat mich als *Jude!* beschimpft.‹ Empört sagte Mutter zu mir: ›Wenn er dir noch mal wehtun möchte, sag ihm, dass auch sein Vater Jude ist!‹ So war es tatsächlich! Herr Roth war zum Katholizismus konvertiert, um die Katholikin Mariska Porkoláb heiraten zu dürfen. Roth hatte Pech gehabt, denn die gläubige Familie seiner Frau hatte ihm bis zu seinem Lebensende nicht verziehen, dass er als Jude geboren wurde. Zu dieser kleinen Episode aus meiner Kindergartenzeit gehört ein frappierender Epilog aus den 1980er Jahren.«

»Erzähl«, sagte ich.

»Dein Großvater und ich wohnten schon in dem Wohnblock am Boulevard 25 Octombrie in Carei«, sagte Pici, »als dein Großvater mit einem Mann in meinem Alter nach Hause kam. Ich schaute den Mann forschend an, er kam mir irgendwie bekannt vor. Aber woher kannte ich ihn? Und als ich mich weiter fragte, fiel es mir ein: Ist das nicht Laci Roth? – Ja, es war Laci Roth!«

»Und was hat er gesagt?«, fragte ich.

»Roth erzählte, dass nach 1940, also während der ungarischen Besetzung von Nordsiebenbürgen, die Verfolgung und Hetze gegenüber den Juden anfing. Er fing an, sein Denken in Bezug auf die Juden zu revidieren. Er wollte nicht an die Front und versteckte sich. Laci Bürger – den Juden kannten mein Mann und ich gut – hatte er bei einer Verwandten auf dem Dachboden verstecken lassen, sodass dieser nicht zum Arbeitsdienst verschleppt werden konnte. Nach dem Krieg flüchtete Roth aus Rumänien in die USA. Dort konvertierte er zum Judentum und heiratete eine aus einer jüdisch-orthodoxen Familie stammende Frau. Sie bekamen drei Kinder.«

Ich fragte Pici, ob sie Laci Roth angesprochen hatte wegen der Sache auf dem Heimweg.

»Ich erinnerte ihn an die Kindergartenzeit, ja«, sagte Pici, »und er sagte, dass sie ein verzwicktes Familienleben hatten. Natürlich wollte ich ihn nicht zur Verantwortung ziehen für das, was vor fünfzig Jahre geschehen war. Ich machte ihn nur auf sein damaliges Ich aufmerksam.«

»Übrigens«, sprach sie mich direkt an, »ich habe gehört, dass du das letzte Mal mit dem israelischen Pass reist.«

»Ja«, sagte ich. »Um die deutsche Staatsbürgschaft zu bekommen, muss ich auf die israelische verzichten. Wenn alles gut läuft, werde ich noch in diesem Jahr deutscher Staatsbürger. Es ist ziemlich ärgerlich, dass die Deutschen die doppelte Staatsbürgerschaft nicht erlauben.«

»Eine doppelte Staatsbürgerschaft ist nicht möglich?«, fragte Pici.

»Jedenfalls keine israelische und deutsche Staatsbürgerschaft«, sagte ich. »Nur wenn man einen anderen EU-Pass hat, dann geht es. Ich hätte gerne meinen israelischen Pass behalten. Ich kann aber nur deutscher Staatsbürger werden, wenn ich einen – und nur einen – Pass habe, den deutschen. Weil ich länger als zehn Jahre in Deutschland lebe und nun endlich alle Formalitäten – die eine Ewigkeit gedauert haben! – erledigt sind, muss ich auf meinen israelischen Pass verzichten. Es ist dumm, denn theoretisch kann ich meinen israelischen Pass jederzeit beantragen. Aber so will es die deutsche Behörde. Wahrscheinlich werde ich auch ein, zwei Wochen staatenlos sein, denn in der

Zeit, in der ich den Israelis meinen Pass zurückgeben werde und bis alle Papiere von den Deutschen in Ordnung gebracht werden, in dieser Zeit werde ich staatenlos sein. Aber das ist eine andere Geschichte ...«

»Das nächste Mal, wenn du nach Israel kommst, wirst du als Fremder hierher kommen.«

»Nicht unbedingt als ein Fremder, aber als deutscher Staatsbürger. Mit einem roten und nicht mit einem blauen Pass. Das stimmt.«

»Das Leben ist interessant«, sagte Pici. »Bald bist du Staatsbürger des Landes, welches meine ganze Familie ermordet hat. Aber deine Generation kann nichts dafür. Das Deutschland von heute ist nicht das Deutschland von damals. Deine Frau ist Deutsche und ich habe sie ganz lieb.«

»Und du bist die einzige in der Familie«, sagte ich, »der die deutsche Kultur viel bedeutet. Du bist die einzige – außer mir – die Deutsch spricht. Aber lass uns zu deinem Leben zurückkehren ... erzähl mir über deine Zeit als Kind. Wie war es im Kindergarten?«

»Bereits im Kindergartenalter reagierte ich empfindlich darauf«, sagte Pici, »dass man mich benachteiligte. Außer mir war nur noch ein jüdisches Mädchen im Kindergarten. Sie hieß Magda Kohn. Ihr Vater besaß einen kleinen Uhrenladen. Uns beide wählte man nicht aus, um bei der Prüfung Gedichte zu rezitieren oder zum Tanzen. Wir machten nur bei dem mit, was alle anderen auch machten. Dies hat mich verletzt. Die beste und einzige Freundin von mir war Gizu Geng, die unmittelbare Nachbarstochter. Wir wuchsen zusammen auf. Jeden Tag spielten wir bei ihr im Sand. Bei uns ging das nicht, denn das große Tor war stets offen und die Wagen fuhren rein und raus. Bei den Gengs haben meine Freundin und ich uns vorzüglich die Zeit mit Spielen vertrieben. Jóska Geng war ein Jahr älter als ich. Er spielte nicht mit uns, sondern Ball mit den Straßenjungs. Aber im Winter, wenn wir nicht draußen spielten, lösten wir zusammen Würfelpuzzle. Und ich hatte eine schwarze Puppe, aber ich spielte nicht gern mit Puppen. Lieber schaute ich mir in den Schulbüchern meiner Schwestern die Bilder an. Jedes Jahr zu Heiligabend brachte Frau Geng schon am Nachmittag Gizu und Jóska zu uns, bis sie wieder abgeholt wurden, sobald der Engel kam. Schon mit vier Jahren wussten mein Bruder Béluska und ich, dass dies nur ein Märchen war. Es gibt keinen Engel und Jesus bringt keine Geschenke, trotzdem verrieten wir es nicht. Aber im Geheimen lachten wir sie aus, dass sie an solche Märchen glaubten. Als ich angefangen habe, mich bei den Gengs aufzuhalten, sagte meine Mutter zu mir, ich solle dort kein Essen annehmen, denn es sei nicht koscher, weil es vom Schwein sei, und uns sei es verboten, das zu essen.«

»Und hast du trotzdem etwas davon gegessen?«, fragte ich.

»Ja, einmal«, lachte Pici auf. »Eines Tages, als ich von meiner Freundin Gizi nach Hause kam, bot Mutter mir Essen an. Ich war aber nicht hungrig. Mutter wunderte sich, denn ich aß gerne, und wenn ich nichts essen wollte, dann hatte ich ein Problem oder ich war krank. Darauf sagte ich, dass ich bei Frau Geng ein sehr leckeres Puszerli angeboten bekommen hatte. Frau Geng beruhigte mich und sagte, es sei mit Entenfett vorbereitet und nicht aus Schweinefett. Also aß ich davon. Als ich dies alles so schön erzählte, sagte mein lieber Vater zu mir: ›Du bist ein kluges Mädchen und du musst wissen, dass das Fleisch, das wir essen, vom Schächter in einer besonderen Art und Weise geschlachtet werden muss. Bei den Nachbarn ist es Frau Geng, die den Hals der Tiere abschneidet, und dieses Verfahren ist nicht koscher. Und uns ist es nicht erlaubt, so etwas zu essen.‹ Ich hatte mich äußerst erschrocken und fragte meinen Vater, was nun sein würde. Vater hat mich beruhigt und sagte, nächstes Mal wirst du das wissen.«

Pici seufzte leicht und sagte mit entschlossener Stimme: »Ich habe meine Eltern sehr geliebt. Ein lobendes Wort seitens meines Vaters bedeutete für mich Freude. Wenn er mich für etwas leicht tadelte, schämte ich mich sehr, denn ich wusste, dass er Recht hatte.

Als ich sechs Jahre alt war, langweilte mich der Kindergarten, ich wollte in die Schule gehen. Damals wurde man erst mit sieben in die Schule aufgenommen, aber ich wollte so sehr den Kindergarten umgehen, dass mein Vater mit mir in das Sekretariat der deutschen Grundschule ging, um mich dort für die erste Klasse anzumelden. Ich erinnere mich sogar daran, dass ich mein bordeauxfarbenes Matrosenkleid trug, mit dunkelblauen Besätzen und Schleifen. Der Schulsekretär hieß Herr Kreutzer – meine Mutter kannte ihn gut. Als mein Vater ihn darum bat, mich in der Schule aufzunehmen, sagte Herr Kreutzer, dass er nicht bereit sei das zu tun, weil ich noch nicht sieben Jahre alt sei und zudem sehr klein. Mein Vater bat ihn, sich mit mir zu unterhalten, und er würde sehen, wie gescheit ich sei. Am Ende blieb der Sekretär jedoch stur. Er sagte, dass wir ihn in einem Jahr wieder aufsuchen sollten, dann würde er mich mit Freude an der Schule aufnehmen.

So blieb ich enttäuscht noch ein Jahr im Kindergarten. Wie glücklich war ich aber, dass mein Vater mich als *gescheites Mädchen* bezeichnet hatte. Mein ganzes Leben, bis heute, verlangt es mich nach seiner Liebe und Güte.«

Pici`s Schulzeit

Ich kam am 1. September 1931 in die deutsche Volksschule. Es gab zwar eine jüdische Schule, aber das Niveau dort war niedrig, denn die Lehrerinnen und Lehrer waren alle sehr alt und es gab keinen Nachwuchs. Schon meine Schwestern gingen nicht in die jüdische Schule, sondern in die staatliche. Dort allerdings kamen die Kinder aus ganz unterschiedlichen Haushalten, die verpflichtet waren, sechs Klassen zu absolvieren, auch wenn es Probleme beim Studium gab! Es gab viele, die von Zuhause gar keine Erziehung mitbekommen hatten, deren Eltern Analphabeten waren und Kinder aus benachteiligten Elternhäusern. Die Lehrer hatten es schwer, unter solchen Bedingungen zurechtzukommen. Ich denke, so zwei, drei Jahre bevor ich zur Schule kam, wurde die deutsche Schule eröffnet, mit vier Klassen, und sofort danach wurde das deutsche Gymnasium ins Leben gerufen. Ein gleichbleibend hohes Niveau wurde dadurch garantiert, dass das Schulgeld monatlich hundertfünfzig Lei betrug, was kein unbedeutender Betrag war. Später betrug die Schulgebühr im rumänischen Gymnasium die gleiche Summe. Als diese Schule eröffnet wurde, war die Mehrheit ihrer Schüler Juden. Du weißt ja, die Juden geben immer alles, bringen alle Opfer für die Bildung ihrer Kinder. Das war also der Grund, weshalb ich in die deutsche Schule eingeschrieben wurde, und so habe ich Deutsch gelernt. Mein Vater sprach fließend Deutsch, denn Deutsch war die Muttersprache seiner Mutter, meiner Meisels-Großmutter. Ungarisch sprach sie nicht gut.«

»Und wie war es in der deutschen Schule?«, fragte ich.

»Ich liebte es sehr, in die Schule zu gehen«, sagte Pici. »Die Schule war ursprünglich ein Privathaus. Es gab ein großes Zimmer und einen großen Garten. Das Haus gehörte Dr. Jenser. Ich weiß nicht, warum er das Haus der Schule überließ. Im Klassenzimmer standen in vier Reihen die Schulbänke aus Holz. Alle vier Klassen waren in diesem Raum mit einem Lehrer. Dies funktionierte ganz gut. Während sich der Lehrer mit den Erstklässlern beschäftigte, lösten die Zweitklässler Mathematikaufgaben, zeichneten die Drittklässler, waren die Viertklässler mit Sprachübungen beschäftigt. Ich liebte unseren Lehrer Peter Wagner sehr. Er war jung, hatte ein rotes Gesicht, lächelte immer, und er besaß eine Gitarre, zu deren Spiel wir oft sangen und tanzten. Er mochte uns Kinder, packte die Kleinen auf seinen Schoß, und was soll ich sagen, ich war die Kleinste. Also es war wunderbar, in die Schule zu gehen. Jeder Tag bedeutete für mich ein Erlebnis, einen neuen Buchstaben, den ich lernte. Gleichzeitig wurden die Frakturschrift und die lateinische Schrift gelehrt, beide gedruckt und geschrieben. Ich verstehe nicht, wie mir das alles zu lernen gelungen ist, aber am Ende der ersten Klasse konnte ich schön lesen und schreiben … Seitdem gab es für mich kein Halten mehr in Bezug auf das Lesen. Ich war dabei, die Welt zu entdecken. Ich erinnere mich, als ich die erste Klasse besuchte, war meine Schwester Icu in der vierten Klasse im Gymnasium (1931-1932). Meine anderen Schwestern Lulu und Anci hatten längst das vierjährige rumänische Gymnasium für Mädchen absolviert.«

»Kannst du dich noch an etwas aus dieser Zeit erinnern?«, fragte ich.

»Ja«, erwiderte Pici. »Als ich in der ersten Klasse war, sagte ich, ich möchte aus den Büchern meiner Schwester Icu lernen, denn in diesen Büchern gab es tolle Bilder und Namen. Leonardo da Vinci zum Beispiel, dieser Name klang für mich so wunderbar wie eine märchenhafte Musik. Bis zum heutigen Tag lese ich mit Vergnügen die Biografien und die Werke der Renaissance-Künstler. Natürlich musste ich noch warten, bis ich in das Gymnasium gehen durfte. Es war aber die erste Klasse, die meine Sehnsucht nach Wissen in Gang brachte und mir den Weg zur Bildung eröffnete. Ich weiß nicht, ob für alle Kinder das Lernen solch eine große Sache war, für mich war es von großer Bedeutung.«

»Wie seid ihr an Informationen gelangt«, fragte ich, »habt ihr Zeitungen gelesen?«

»Wir hatten die jüdische Wochenzeitung aus Cluj abonniert«, sagte Pici. »Es war Anfang der 1930er Jahre. Es gab kaum Artikel über Politik, dennoch wurde über vieles aus jüdischer Sicht berichtet. Jede Woche gab es Rubriken wie Literatur, Feuilleton, Teile von Romanen von Schalom Alejchem, Schalom Asch, Max Brod und die Übersetzungen anderer jüdischer Schriftsteller. Ich konnte schon lesen und so fing ich an, die Dinge der Welt zu erkennen und mehr über das Leben der Juden zu erfahren. Schon damals haben die Juden Pogrome durchgestanden. Die Prämisse war: *Der liebe Gott wird uns helfen*. Viele glaubten daran. Meine Familie glaubte daran, ich glaubte daran. Ich glaubte an Gott als Kind, aber auch als ich größer war, als ich schon einiges gelernt hatte. Weltreiche gingen unter, das römische und mongolische sind bloß Beispiele dafür, und dass das fünftausend Jahre alte, kleine jüdische Volk noch existiert, obgleich es stets verfolgt und auf Wanderschaft war, egal in welchem Zeitalter es lebte, Mittelalter, Neuzeit, Zwanzigstes Jahrhundert …. gleichgültig in welcher Epoche es lebte, seit zweitausend Jahren wurden Juden verfolgt und ermordet, immer und in jeder Epoche waren sie die Sündenböcke für jedes Problem, sie waren die Ursache allen Übels. Natürlich änderten sich mit den Generationen die Mittel zur Verfolgung und Ermordung der Juden und die Waffen. Ich glaube, die vielen Herausforderungen haben die Juden in ihrem Glauben an den einen Gott nur gestärkt. Meine Familie glaubte und ich glaubte auch. Ich dachte, dass es etwas geben muss, etwas für das menschliche Gehirn Unfassbare, etwas, das die Juden beschützt, denn, ja, die Juden waren es, die die Zehn Gebote erhalten haben, die Bibel. All diese kindlichen Gedanken über den Glauben mochten Stoff für Auseinandersetzungen gegeben haben, aber darüber konnte und wollte ich nicht debattieren, denn ich hatte früher und auch jetzt nicht bessere Kenntnisse in Bezug auf diese Sachverhalte. Es war ein Muss zu glauben, um die Situation in Europa auszuhalten. Weil ich schon früh die jüdische Zeitung *Népünk* (zu dt.: *Unser Volk)*, gelesen habe, war ich sehr früh mit der *jüdischen Frage* konfrontiert worden. Ich war keine Einsiedlerin auf einer unbewohnten Insel. Ich wurde in eine liebevolle, beschützende Familie geboren, mit vielen Verwandten, Tanten, Cousins, und ich war glücklich, denn mein zwei Jahre jüngerer Bruder Béluska und ich waren die Jüngsten in der großen Familie. Wir haben uns prächtig verstanden, auch in der Pubertät. Wir teilten alles miteinander, Liebesbriefe und Geheimnisse. Mein Bruder und ich waren wie Zwillinge.«

»Ihr wurdet bestimmt verwöhnt«, sagte ich.

»Weil wir die Kleinsten waren, wurden wir verwöhnt«, sagte Pici. »Mein Bruder und ich wurden liebevoll gehätschelt.«

»Was habt ihr samstags gemacht?«, fragte ich. »Es war für euch sicherlich ein besonderer Tag, der Sabbat.«

»Am Samstagnachmittag nahm Mutter Béluskas und meine Hand und wir gingen zu meinen Großeltern mütterlicherseits. Großmutter und Großvater wohnten in der Kaplony-Straße Nummer 44. Bei ihnen wohnten Lilike, das war die jüngste Schwester meiner Mutter, meine Cousine Erzsike und mein Onkel Jakab Farkas, der Ehemann von Lilike. An Großvater kann ich mich kaum noch erinnern, denn ich war fünf Jahre alt, als er starb. Ich kann mich nur daran erinnern, dass er eine langstielige Schaumpfeife rauchte. Er freute sich ungeheuer über die Geburt meines Bruders Béluska nach vier Mädchen. Für die Juden ist ein Sohn wichtig, denn nur er darf das Kaddisch beim Tod der Eltern sprechen. Ich weiß noch, dass mein Großvater uns zwei Bonbondosen - die Dosen waren aus Blech und wunderschönes farbiges Papier war darauf geklebt - aus dem Laden mitbrachte. In den Dosen waren Seiden- und Himbeerbonbons, von denen unsere Münder rot wurden, und es gab noch andere Arten von Bonbons in der Dose. Mir schmeckten die Toscabonbons am besten. Sie waren mit Haselnusscreme gefüllt. Béluska und ich rezitierten die Gedichte, die unsere Mutter uns gelehrt hatte. Das ist alles, woran ich mich bei meinem Großvater mütterlicherseits erinnern kann.«

Abbildung 3: Pici`s Mutter Gizella Meisels, geb. Schlesinger, mit ca. 54 Jahren.

Abbildung 4: Carei, ca. 1909/1910.

Familie Schlesinger, Pici`s Familie mütterlicherseits.

Hinten von links nach rechts:
Teri, Náci, Pepi, Lajos, Gizella (Pici`s Mutter), Dezső.
Vorne von links nach rechts:
Pici`s Tante Bella, Picis Großmutter Amalia Malcha (früher: Klein bin Ahrenzeev HaLevi), Picis Großvater Mór, Picis Tante Rozália, Picis Tante Karolina (genannt Lilike)

»Also du, Béluska und deine Mutter seid regelmäßig am Sabbat zu den Eltern deiner Mutter gegangen. Dein Vater ging nicht mit?«, fragte ich.

»Mein Vater kam am Samstag selten mit uns zu seinen Schwiegereltern. Wenn wir weg waren, ruhte er sich meistens auf der Chaiselongue aus. Er stand jeden Tag um fünf Uhr in der Früh auf.«

»Und was habt ihr bei den Eltern eurer Mutter gemacht?«, fragte ich.

»Wenn wir zu meiner Großmutter gingen«, antwortete Pici, »hatte Mutter ihre großen Manteltaschen stets mit Pogatschen, Hefezopf und Äpfeln gefüllt. Denn sobald wir bei Großmutter waren und nachdem wir ihre Hand geküsst hatten, hatten wir Hunger. Schon deswegen brauchte Mutter große Taschen.«

Pici befeuchtete mit ihrer Zunge die Lippen und fuhr fort: »Wie ich schon gesagt habe, meine Cousine Erzsike, die sieben Jahre älter war als ich, und ihre Tante Lilike und deren Mann Jakab wohnten bei Großmutter. Meine Cousine und ich schlossen damals eine Freundschaft fürs Leben, die zum Ende ihres Lebens leider durch ihre Alzheimer-Erkrankung getrübt wurde. Zuletzt lebte sie bei ihrer Tochter Klári, die sie aber nicht mehr erkannte. Für mich war ihre Krankheit traurig, denn Erzsike war meine letzte lebende Verwandte, die meine Eltern und Geschwister noch persönlich gekannt hatte. Erzsike bestätigte mir, dass meine Mutter eine gute Frau war. Für mich war sie sowieso die Beste der Welt.«

Pici machte eine kleine Pause und fragte, worüber ich mehr wissen möchte. Ich sagte, sie solle etwas über ihre Großmutter sagen.

»Großmutter wurde von uns Kindern geliebt und sie liebte uns«, sagte Pici. »Diese Liebe war jedoch nicht so enthusiastisch wie meine und die deines Großvaters zu dir und deinem Bruder. Meine Großmutter hatte zahlreiche

Enkelkinder, während es für mich und euren Großvater nur dich und deinen Bruder gab. Meine beiden Enkelkinder habe ich, glaube ich, mit meiner Liebe erstickt.«

»So schlimm war es nicht«, sagte ich.

»Mit meiner Liebe habe ich euch, und vielleicht auch euren Vater, mein einziges Kind, auch erstickt«, beharrte Pici.

»Gewiss, deine Liebe ist eine kompromisslose, starke Liebe. Erzähl noch etwas über die Schule.«

»Dann kehre ich zurück in die erste Klasse«, sagte Pici. »Ist das in Ordnung?«

»Die erste Klasse ist prima«, sagte ich und dachte mir, dass sogar meine erste Klasse nun mehrere Jahrzehnte zurück lag. Wie die Zeit verging.

»Ich weiß nicht mehr genau«, sagte Pici, »ob es im Oktober oder November des Jahres 1931 war, als eine Scharlachepidemie ausbrach und meine Schwester Icu, die damals vierzehn war, unter dieser Krankheit litt. Damals gab es noch keine rigorosen Gesundheitsregeln. Meine Schwester musste nicht ins Krankenhaus, sondern blieb Zuhause. Vor ihrem Zimmer befestigte man einen roten Zettel, und es war nur Mutter erlaubt, einzutreten. Das Problem war: wie sollte ich zur Schule und Béluska zum Hajder kommen? Wir haben es so gelöst, dass meine Schwester Anci, die damals siebzehn, achtzehn war, sowie mein Bruder und ich zur Großmutter zogen. Mutter gab Anci Geld und unterwies sie, sie solle auf uns aufpassen, für uns kochen und waschen. Großmutter war ungefähr so achtundsiebzig Jahre alt, und wir sollten ihr nicht zur Last fallen und gehorchen. So wurden wir vorab unterwiesen. Anci konnte alles. Vom Markt brachte sie uns frische Früchte und jeden Morgen frische Kipferln. Auch wenn unsere Schwester Anci alles gut machte, wollten mein Bruder und ich nicht dort sein. Wir hatten Heimweh. Anci schlief auf dem Diwan mit meiner Cousine Erzsike. Ich schlief in Großmutters Bett zu ihren Füßen, denn sie konnte nicht schlafen, wenn ich neben ihr lag. Aber ich konnte nachts auch nicht schlafen, weil Erzsike in ihren Träumen redete und Großmutter schnarchte. Ich fürchtete mich vor diesen ungewohnten Geräuschen.

Lilike und Jakab waren kinderlos und hatten Béluska sehr lieb. Sie nahmen ihn in ihrem Zimmer auf, verwöhnten meinen Bruder mit allerlei Geschenken und wollten, dass er sich Béla Farkas nannte. Farkas war der Nachname von Lilikes Ehemann Jakab. Doch der Fünfjährige stellte sich immer als Béla Meisels vor und sagte in fließendem Ungarisch dazu: ›jüdischer Junge, rumänischer Staatsbürger.‹

An den Samstagnachmittagen nahm Anci uns mit zu Onkel Dezső und seiner Frau Regina. Dort konnte Anci sich ein wenig mit ihren Cousinen Tubi und Kató unterhalten. An solch einem Samstagnachmittag, als es für uns nicht mehr allzu lange dauern sollte, nach Hause zu kommen und nachdem unser Haus desinfiziert war, kam meine Mutter, um die herzkranke Regina zu besuchen. Mutter wusste nicht, dass wir dort sein würden. Als wir Mutter sahen, hüpften wir ihr vor lauter Glück an den Hals. Wir haben sie beinahe zu Tode geküsst, wir waren glücklich.

Am folgenden Tag, am Sonntag, reichte uns meine Schwester Anci das Abendessen, Butterkipferl mit Milchkaffee – Malzkaffee versteht sich. Irgendwie hatte ich keinen Appetit auf die Kipferl und so legte ich sie auf den Teller zurück. Lilike erteilte mir daraufhin eine kräftige Ohrfeige und sagte: ›Was ist? Ist der Kipferl nicht gut genug?‹ Und ich, die nie in ihrem Leben eine Ohrfeige bekommen hatte, war sehr beleidigt.

Montagmorgen fühlte ich mich unwohl, aber ich ging in die Schule. Als ich nachmittags nach Hause kam, wartete Lilike an der Tür auf mich und öffnete ihre Hand, damit ich sie küsse. Ich hob meine Brust, wandte meinen Kopf ab und begrüßte sie nicht. Vermutlich hat diese Ohrfeige meine nicht allzu warme Beziehung gegenüber Lilike ein Leben lang bestimmt.

Später am Tag bekam ich Fieber und einen Hautausschlag. Anci ging nach Hause, um zu berichten, dass ich krank sei. Vater fuhr mit der Pferdekutsche los, um Dr. Deutsch zu holen. Nach seiner Untersuchung sagte Dr. Deutsch, man könne mich nach Hause bringen zu der anderen Scharlach-Kranken. Es stellte sich aber heraus, dass ich Diphtherie hatte. Meine eitrige Kehle schwoll an und es bestand die Gefahr, zu ersticken. Aber Dr. Deutsch hat mich geheilt. Er hatte Medizin in Paris studiert. Zu dieser Zeit eröffnete er gerade seine Praxis. Dr. Deutsch wurde unser Hausarzt und mich nannte er schlicht *a kicsi*, *die Kleine*. Über meinen Arzt werde ich noch etwas erzählen, allerdings erst später, wenn wir zu den Jahren 1945-46 kommen.

In der Zeit, als ich krank war, lehrte Mutter mich viel, sodass ich die Klasse nicht wiederholen musste. Nach den Weihnachtsferien war ich gesund. Mitte Januar konnte ich wieder zur Schule gehen. Die erste Klasse habe ich mit Eins abgeschlossen. Eins war die beste und Vier die schlechteste Note.

In der zweiten Klasse hatte ich einen anderen Lehrer, Joseph Barber. Er war ungefähr zwei Meter groß und sehr dünn. Aber ich habe ihn genau so wie seinen Vorgänger geliebt. Er spielte Geige und liebte seine Schüler. Ich hatte mal ein Foto, das auf dem Schulhof gemacht worden war. Darauf waren alle vier Klassen zusammengerückt und in der Mitte erhob sich der zwei

Meter große Lehrer, der mich auf seinem Arm hielt. Dies wurde zu einer süßen Erinnerung. Das Foto ging leider verloren, wie so vieles andere.

Das zweite Schuljahr fing gut an. Ich hatte Spaß mit den schönen neuen Büchern. Ich wusste immer die nächste Lektion im Voraus. Ich war eine fleißige und gute Schülerin. So verging die Zeit bis zu den Weihnachtsferien. Der Lehrer gab uns als Hausaufgabe auf, darüber zu schreiben, was uns das Christuskindlein gebracht hatte. Das bereitete mir große Sorgen. Ich fragte meinen Vater, ob er mir helfen könnte. ›Wenn ich schreibe, dass das Christuskindlein mir einen Tannenbaum und Geschenke mitgebracht habe, dann würde ich lügen.‹ Aber ich wollte auch nicht schreiben, dass wir Juden sind.«

»Und was hat dein Vater gesagt?«, fragte ich.

»Vater sagte, ich sollte genau aufschreiben, was ich dachte, und dann würde er mir helfen und wir würden es besprechen, damit meine Hausarbeit gut geschrieben wäre. Ich schrieb: ›Meine Ferien waren glücklich, denn meine Geschwister und Eltern waren froh darüber, dass ich eine gute Schülerin bin, und dass ich *wunderbare Noten* schreibe, ich wurde mit Geschenken überschüttet, ich erhielt ein Märchenbuch, farbige Bleistifte, Schokolade und viele Küsse.‹ Vater sagte, ich sei ein kluges Mädchen – auch ich war mit mir zufrieden. Wenn ich diese Geschehnisse mit dem Wissen einer Neunzigjährigen betrachte, dann war ich damals ein kluges Mädchen; ich war nicht einmal neun Jahre alt und mit diplomatischem Geschick habe ich aus eigener Kraft eine Lösung gefunden.«

»Kannst du noch etwas aus dieser Zeit erzählen«, bat ich Pici.

»Als ich in der zweiten Klasse war, gab es zwei denkwürdige Ereignisse. Ich hatte einen Mitschüler und der hatte nette jüngere Schwestern, Magdalena und Käte Raab. Familie Raab wohnte gegenüber meiner Großmutter zur

Untermiete. Sie waren sehr arm. Der Vater war so um die dreißig Jahre alt, Schuster, Alkoholiker und konnte nicht arbeiten. Die Mutter sorgte für das Notwendigste, so gut sie konnte. Der Vater starb an Tuberkulose. Ich war bei seiner Beerdigung, die erste in meinem Leben. Weiße Trauerwagen, drei Kinder in Trauerkleidung, Trauerrede … Ich war entsetzt darüber, dass diese Kinder nun Halbwaisen waren und ich hatte Angst, dass es mir ebenso ergehen könnte. Zudem fürchtete ich, dass ich auch irgendwann plötzlich sterben würde. Dies beschäftigte mich sehr. Jetzt, zurückdenkend, gab es in meinem Leben reichlich erschütternde Momente, aber irgendwie fand ich immer einen kleinen Schutz, einen Strohhalm, mit dem ich aus der Grube heraussteigen konnte, um weiter zu schreiten und um zu hoffen. Damals, als ich neun Jahre alt war, beschäftigte mich also der Tod. Und um meine Gedanken zu beruhigen, überlegte ich mir, dass die Wissenschaftler bestimmt bald etwas gegen den Tod erfinden würden, denn sie hatten schon einiges erfunden. Als ich geboren wurde, gab es noch Petroleumlampen und nun gab es überall Elektrizität. So wurde ich ruhiger.

Das zweite Ereignis in dieser Zeit war während der Sommerferien. Am Ende des zweiten Schuljahres bekam ich eine ziemlich schwere Magen-Darm-Entzündung, durch die ich viel Gewicht verlor und schwach geworden war. Der Arzt empfahl einen Luftwechsel. Also besprach meine Mutter mit Pirike, dass sie mich nach Szatmárhegy schicken. Und so saß ich mit neun Jahren zum ersten Mal in einem Zug. Ich fuhr nach Szatmár und von dort nach Szatmárhegy, wo meine Cousine Pirike und ihr Ehemann Miklós wohnten. Miklós war Busfahrer auf der Linie Szatmár–Viile und Szatmár–Ardud. Ich war sechs Wochen bei Pirike und Miklós. Dessen Sohn Oszika war sieben Jahre alt. Wir spielten viel miteinander. Pirike sorgte liebevoll für mich,

auch wenn sie viel zu tun hatte, denn in dieser Zeit machte auch Miklós'
Mutter, Frau Weisz, gemeinsam mit der Tochter von Miklós' großer Schwester bei ihnen Urlaub.

Pirike war Näherin, arbeitete viel und klagte nie. Sie war nett zu allen
Kunden. Auch mit ihrer anspruchsvollen Schwiegermutter, die zuckerkrank
war, ging Pirike liebevoll um.

Bevor ich zu Pirike fuhr, gab mir meine Großmutter einhundert Lei, damit meine Schwestern einen großen Ball für mich kaufen konnten. Der Ball
war groß und mit Hirschkäfern bemalt. Mit Oszika habe ich den Ball natürlich auch auf dem Boden gerollt, was zur Folge hatte, dass die Bilder sich
abnützten, was mir im Herz weh tat, denn ich gab Acht auf meine Sachen.«

»Und nun die dritte Klasse«, sagte ich.

»Die dritte Klasse fing nach dem Sommer 1933 an. Ich hatte gute Noten,
wurde gelobt. Gizu Geng war immer noch meine Freundin. Sie war eine
Klasse unter mir. Frau Geng regte an, dass ich mit Gizu Deutsch sprechen
und ihr Mathe erklären sollte. Gizu war ein gutes Mädchen, aber das Lernen
fiel ihr nicht so leicht.«

»Wie habt ihr gelebt?«

»Von außen betrachtet«, sagte Pici, »mochte unser Leben ereignislos erscheinen. Das war es aber nicht. Es gab zwar keine Reisen, Ausflüge oder
Urlaube, aber wir hatten uns. Mutter nahm Béluska und mich am Montag und
Freitag mit zum Markt, damit die größeren Schwestern ihren Verpflichtungen
nachgehen konnten. Was aber am Ungewöhnlichsten war im Vergleich zu
christlichen Familien: bei uns wurde offen über finanzielle Dinge gesprochen. In unserer Familie wussten die Kinder, wie hoch das Einkommen und
die Ausgaben waren, wofür wir Geld hatten und wofür nicht. Ich glaube,

sobald wir sprechen konnten, saßen wir mit am Tisch, um das tägliche Einkommen zu zählen. Béluska packte die Ein-Lei-Münzen zusammen und legte fünfzig auf einen Stoß, während ich die Zwei-Lei-Münzen zählte. Wir konnten noch nicht schreiben, aber schon zählen. Die größeren Geschwister zählten die Papierscheine. Vater drehte die Münzen in Papierrollen und schrieb darauf 50mal1 und 50mal2. Vater fragte meinen Bruder und mich, ob wir richtig gezählt hätten. Und wenn wir es bejahten, glaubte er uns. Wir wussten, wieviel Kubikmeter Holz in einem Waggon sind. Kubikmeter stand für die Menge an Feuerholz, und nicht das Gewicht war wichtig. Wir wussten, wie schwer unsere Mutter und unser Vater arbeiteten, damit wir das hatten, was wir benötigten. Uns war klar, dass es für uns einen erheblichen Verlust bedeutete, wenn das Wetter im Dezember und Januar mild war, weil vierzig, fünfzig Waggon im Garten lagerten und nicht verkauft werden konnten, weil es nicht kalt genug war. Als wir in die Schule kamen, war dieses Wissen sicherlich vorteilhaft.

Nach dem Ende des dritten Schuljahres, in den Sommerferien, entschied meine Mutter, dass es nun höchste Zeit für mich sei, Handarbeit zu lernen. Mutter kaufte ein Stück neues weißes Leinen und farbige Fäden. ›Dies wird das Tuch für das Tablett‹, so meine Mutter. Ich lernte von ihr Kreuz- und Fadenstich. Mir gefiel der schöne, farbige Seidenfaden, aber meine Begeisterung hielt sich in Grenzen. Eines Tages erschien der zwei Meter große Lehrer Barber bei uns. Vater lud ihn ins Zimmer ein und redete mit ihm allein. Als Barber gegangen war, sagte Vater mir das Wesentliche: ›Der Lehrer hat dich gelobt, aber kein Jude darf mehr in die deutsche Schule.‹ Ich dachte, der Himmel reißt über mir ein! Meine erste Reaktion war, dass ich in absolut keine andere Schule wollte. Ich musste dann in die vierte Klasse der staatlichen rumänischen Schule wechseln.«

»Das war das Schuljahr 1934-1935«, sagte ich.

»Ja«, sagte Pici. »So ist es. Ich war traurig, denn ich war es gewohnt, gut in der Schule zu sein und viel Anerkennung zu bekommen. Nun stand ich in der vierten rumänischen Klasse und konnte überhaupt kein Rumänisch. Und in der vierten Klasse gab es bereits Geschichte, Geographie, Naturwissenschaft, Grammatik und so weiter. Lange Lektionen, von denen ich nichts verstehen würde. Zudem unterrichtete in dieser Schule eine alte, hässliche Lehrerin. Diese Lehrerin hatte zwei unverheiratete, hässliche Töchter.

Meine Schwester Luluka war um diese Zeit bereits verlobt. 1935 sollte die Hochzeit stattfinden.

Abbildung 5: 1935 heiratete Pici`s älteste Schwester Loli, genannt Luluka,
Béla Wigdorovits.

Während des Schuljahres half mir meine Schwester beim Lernen. Sie
übersetzte den Stoff für mich. Ich hatte keine Wahl, als die ganzen fremden
Texte auswendig zu lernen. Ich schwitzte Blut und Wasser. Es gab lange

Gedichte, derentwegen ich nachts nicht ins Bett ging, bis ich sie beherrschte. Ich legte das Buch unter mein Kissen und konnte mich morgens an nichts mehr erinnern. Natürlich erging es den anderen Kindern, die von der deutschen Schule ausgeschlossen worden waren, ähnlich.

Ich beschäftigte mich ausschließlich mit meinem bitteren Schicksal, ich hörte nicht zu, was zu Hause gesprochen wurde, über das, was sich in Europa anbahnte und was auf uns zukommen könnte. Die Nationalsozialisten waren in Deutschland an der Macht. In Carei wurde der *Volksbund* gegründet, für die Jungen vom Gymnasium das Schülerheim. Diese Jungen gingen mit schwarzen Uniformen auf die Straße, mit Ledergürtel und quer über der Brust verlaufendem Lederriemen. Unter ihnen war Jóska Geng. Ein oder zwei Jahre ging ich noch zu Besuch bei Familie Geng, bis Jóska mich eines Tages fragte: ›Was wirst du machen, wenn Hitler kommt?‹ Wortlos kehrte ich um und setzte nie wieder einen Fuß in ihr Haus«, sagte Pici.

»Es waren also harte Zeiten«, sagte ich.

»Für mich waren es bittere Zeiten, aber meine Willensstärke hatte zu einem guten Ergebnis geführt. 1935, während der Osterferien, fand in der Stadt Várad ein literarischer Wettbewerb statt. Meine Lehrerin Frau Grama wählte für dieses Ereignis Lucia Dragoş und Veronica Şişca, zwei rumänische Mädchen, und mich aus. Die Reise mit der Lehrerin war für Samstag geplant. Mein Vater wollte nicht, dass ich am Sabbat fahre, also besprach er mit der Lehrerin, dass ich den Samstagabendzug in Begleitung der Tochter der Lehrerin nehmen sollte. Mein Vater bezahlte den Zug und das Hotelzimmer der Tochter. So geschah es, dass wir in dem Rimanóczy-Hotel übernachtet haben. Es war das erste Mal in meinem Leben, dass ich in einem Hotel übernachtete. Am Sonntagvormittag fand der Wettbewerb statt. Ich war sehr aufgeregt. Die Aufgabe war ein Gedicht namens Fii gata!, *Sei bereit!*, des rumänischen Dichters Ştefan Octavian Josif. Viele Strophen mussten rezitiert werden und dann sollte die sogenannte *Idea principală*, die Hauptidee, herausgestellt werden. Ich bekam nur *Menţiune*, das war schlechter als eine Prämie. Die beiden Mädchen aus meiner Klasse bekamen nichts. Für diesen kleinen Erfolg hatte ich mich schwer herumschlagen müssen.

Eine neue Herausforderung folgte: Die Aufnahmeprüfung in Mathematik in rumänischer Sprache für das *Gymnasium für Mädchen* in Carei. Ich war stolz, Gymnasiastin zu sein. Die Uniform war ein kleines, schwarzes gewebtes Kleid, das Gelb ausgestickt war. Wir hatten auch eine Hutuniform. Darauf und auf dem Uniformkleid stand G.F.C. – kurz für *Gimnaziul de fete Carei*. Eigentlich habe ich erst auf dem Gymnasium richtig gelernt, mich in rumänischer Sprache korrekt auszudrücken. Ich hatte meinen Platz wieder gefunden. Die Rumänisch-Lehrerin Frau Pelin habe ich sehr geliebt, und sie mich auch. Als sie die korrigierten Prüfungen brachte und ein extra Heft in ihrer Hand verwahrte, sagte sie: ›singura Meisels are zece‹ – ›Nur die Meisels hat die beste Note, zehn.‹ Das war für mich wie der Nobelpreis, auch wenn ich damals von dem Nobelpreis nichts wusste. Es war jedenfalls für mich eine große Freude.«

»Ich habe die Schule gehasst«, sagte ich. »Die ersten vier Klassen war ich auch ein ausgezeichneter Schüler, aber dann wurde mir diese ganze Institution zuwider.«

»Am Anfang warst du der beste Schüler«, sagte Pici.

»Ab der vierten Klasse habe ich alles aufgegeben«, sagte ich. »Ich habe kaum noch Hausaufgaben gemacht, gar nichts. Ich wollte Fußballspieler werden. Als wir nach Israel emigrierten, ging ich in die siebte Klasse, und die

Schule wurde für mich zur widerwärtigsten Institution überhaupt. Sie war das Gefängnis meiner Kindheit. Mein Kerker. Die Schule hat meine Kindheit zerstört. Und die Pubertät. Aber das ist eine andere Geschichte. Offensichtlich hast du, liebe Pici, die Schule sehr gemocht, du kleine Streberin, du, also bitte erzähl mir weiter darüber, du scheinst so gerne darüber zu erzählen.«

»Ja«, sagte Pici. »Ich mochte die Schule. Ich war glücklich, weil die Lehrer mich mochten. Ich wurde oft aufgerufen, ihre Fragen zu beantworten, nur um eine schöne Antwort zu hören, ohne Note, denn das Klassenbuch war voll mit der besten Note und es gab keinen Platz mehr. In der Klasse gab es illustre Konkurrenz. Die eine hatte einen Rechtsanwalt als Vater, der Vertreter im Parlament war, und da waren noch die einzige Tochter des Direktors des Jungengymnasiums und die Tochter des rumänischen Dekans. Und sie alle waren ausgezeichnete Schülerinnen, aber der Unterschied zwischen ihnen und mir war – wie die Direktorin, die auch die Geschichtslehrerin war, meinte –, dass ich die Lektionen nicht nachsprach, sondern über lebendige Menschen und ihre wahren Geschichten erzählte. Ich denke, ich war nett zu meinen Schulkolleginnen, aber ich suchte die Gesellschaft der vornehmen Mädchen nicht. Ich wurde nie von ihnen eingeladen und auch wenn sie mich eingeladen hätten, hätte ich die Einladung abgelehnt, denn ich hätte sie nicht erwidern können. Unsere Lebensumstände waren nicht geeignet, um solche Freundinnen zu empfangen. Unser Haushalt war voller Leben, ich hatte kein eigenes Zimmer. Rückblickend weiß ich nicht, wie ich unter diesen Umständen zu lernen vermochte. Möglicherweise blieb schon im Unterricht der Stoff bei mir hängen. Zu Hause schaute ich meine Aufzeichnungen an, und zweimal sagte ich sie laut auf, um meine eigene Stimme zu hören. Ich denke, dass ich mich zurückzog, weil ich kein eigenes Zimmer hatte. Dies machte mir allerdings nichts aus, mir war es recht so, wie wir lebten. Als die Lehrerinnen sahen, dass meine Leistungen stets ausgezeichnet waren, empfahlen sie mich den Eltern der leistungsschwachen Mitschülerinnen für den Nachhilfeunterricht. Zu Hause habe ich einfach bekannt gegeben, dass ich nun lehren werde. Ich machte kein Geheimnis daraus. Meine Eltern sagten mir, ich solle es mir überlegen. Und ich überlegte, dass ich kein Geld für Hefte und andere Dinge brauchen würde. Natürlich bekam ich alles, was ich brauchte von meinem Vater, aber ich mochte nicht danach fragen. Ich habe drei, vier, manchmal sogar fünf Mädchen unterrichtet. Es gab Monate, in denen ich tausend Lei verdiente. Mutter bewahrte das Geld auf. Von dem Geld kaufte ich meinen Geschwistern und Eltern Geburtstaggeschenke und mir meine erste Armbanduhr; es war eine kleine, runde Golduhr mit rotem Armband. Die Uhr habe ich bis zum 1. Juni 1944 getragen. Dann habe ich sie in das Klosett des szatmárischen Ghettos geworfen, bevor meine Familie und ich nach Auschwitz deportiert wurden.«

Nach einer Weile sagte ich: »Du hast bestimmt Spaß daran gehabt, zu lehren.«

»Ja, besonders, wenn die Kinder selbst auch lernen wollten und eine gewisse Auffassungsgabe hatten«, sagte Pici. »Später habe ich viel mit deinem Vater gelernt, als er in die Schule ging. Es machte mir ungeheuer viel Spaß. Mein Sohn und ich, wir haben zusammen gelernt. Das war sehr schön.«

»Du hattest Talent als Lehrerin«, sagte ich.

»Ja«, sagte Pici, »Lehrerin wäre ich gerne geworden. Leider ist es wegen der Umstände nie dazu gekommen. Auch wenn es nicht geklappt hat, habe ich stets versucht, mich mit dem zufrieden zu geben, was möglich war.«

Pici schaute mich mit großen Augen an und fragte, ob ich etwas über die jüdischen Feiertage in ihrer Kindheit hören wolle. Ich bejahte. Pici sagte, sie habe diese Feiertage nur gemocht, bis sie in die Schule ging, denn während der Schule, obwohl das damalige Gesetz den Juden an diesen Tagen frei gab und sie nicht in die Schule musste, musste Pici alles aus den Büchern lernen, anstatt den Unterricht besuchen zu können. Pici hatte die Erklärungen der Lehrer vermisst, das Lernen aus dem Buch allein war für sie nicht ausreichend. Das ganze Jahr kam es ihr so vor, als hätte sie diese Lektionen nicht so gut verstanden. Deswegen mochte sie die Feiertage nicht.

»Erzähl mal aus der Zeit, als du die Feiertage noch mochtest«, sagte ich.

»Das war vor 1931. Die Feiertage waren schön, warm, familiär. Rosch Haschana dauerte zwei Tage. Davor wurde ausgiebig gekocht. Als ich schon älter war, und man mir ein Messer in die Hände geben konnte, setzte ich mich auf einen kleinen Hocker. Mutter legte eine Menge Karotten, Petersilie und Sellerie auf Zeitungspapier auf den Boden, damit ich das Gemüse mit dem kleinen Messer putzte und dann in die Wasserschale legte. Danach war es Zeit, die Kartoffeln zu schälen. Kaum hatte ich diese Arbeit begonnen, habe ich Mutter schon gefragt, ob es nicht genug sei. Mutter sagte, ich solle ruhig weiter machen, sie werde mir Bescheid geben. Im Nu war ich dieser Arbeit überdrüssig.

Als ich älter wurde, musste ich auch putzen. Meine Schwester Anci wachte über meine halbherzigen Bemühungen. Sie sagte, ich solle die Fenster putzen. Das habe ich am meisten gehasst. Ich versuchte, diese Arbeit zu umgehen. Anci stritt mit mir. Mutter hat mich immer in Schutz genommen, sie sagte: ›Lass sie doch in Ruhe, Anci, sie ist noch klein.‹ Anci ließ nicht locker und sagte: ›Sie ist klein, aber ihr Mund ist groß.‹

Ich wollte aber über Rosch Haschana erzählen ... Das Essen wurde für zwei Tage vorbereitet. Dazu kam noch das feierliche Abendessen. Dieser Feiertag fand meistens Ende September statt und im Oktober folgten andere wie Jom Kippur und Simchat Tora. Die Feiertage dauerten einen Monat. Natürlich waren nicht alle Tage während dieser einmonatigen Zeit Feiertage, aber es fühlte sich so an, als wäre der ganze Monat, Ende September bis Ende Oktober, ein andauernder Feiertag.«

»Habt ihr damals überhaupt einen Kühlschrank gehabt?«, fragte ich.

»Wir hatten einen Kühlschrank«, sagte Pici. »Der Sodaverkäufer brachte regelmäßig ein großes Tablett Eis. Dieser Eisschrank war nicht wie die heutigen Kühlschränke mit Gefrierfach, dennoch hielt er das gekochte Essen frisch. Bei den Juden tritt man den Feiertag stets abends an, wenn die Sonne untergeht, und er dauert bis zum nächsten Tag, bis der Abendstern am Himmel erscheint. Um die Abendstunde packte Vater die Gebetbücher, den Tallit und die Hausschuhe zusammen und ging gemeinsam mit Béluska in die Synagoge, wo sie diese Gegenstände hinterlegten und in der sogenannten Stender einschlossen, denn am Feiertag und am Sabbat war es verboten, Dinge in der Hand zu tragen. Das ist so, weil etwas zu tragen als Arbeit gilt, und der Feiertag ist der Tag der Ruhe, des Gebets, der Andacht und der Erinnerung. Sogar Diener und Nutztiere müssen an solchen Tage von der Arbeit verschont werden.«

»Und wie sah es am Feiertag bei euch aus?«, fragte ich.

»Am Abend wurde der feierliche Tisch gedeckt«, erwiderte Pici. »Mutter zündete sechs Kerzen für diese herbstlichen Feiertage an. Sie backte immer zwei runde Hefezöpfe. Vater schnitt den Hefezopf auf, gab jedem eine

Scheibe. Wir tunkten die Hefezopfscheiben in Honig, damit das neue Jahr süß wird. Dann kam das Abendessen.«

»Die Frauen gingen auch zur Synagoge?«, fragte ich.

»Am Morgen des Feiertages gingen nicht nur die Männer, sondern auch die Frauen in die Synagoge«, sagte Pici. »Bevor wir uns auf den Weg machten, blätterten wir in unseren Gebetbüchern, um zu sehen, was wir zu beten hatten. Wenn es mir zu viel vorkam, versuchte ich zu handeln. Ich sagte, dass die kleinen Buchstaben ja bestimmt nicht aufgesagt werden müssten. – Lieber las ich Märchenbücher oder später Romane, denn es war ermüdend, Texte zu lesen, die ich nicht verstand.«

Pici hielt inne.

»Was ist?«, fragte ich.

»Ich habe mich gerade an die Lernmethoden in der Hajder erinnert«, sagte Pici. »Der Rabbi konnte kein Ungarisch. Die Schüler übersetzten die hebräischen Texte auf Jiddisch und lernten so in wenigen Monaten Hebräisch und Jiddisch.«

»Was habt ihr noch so an den Feiertagen gemacht?«, fragte ich.

»Am Nachmittag des jüdischen Neujahrs gingen Mutter, Béluska und ich zu Großmutter, um ihr Schana Towa zu wünschen. Meine Geschwister besuchten Verwandte. Schön und glücklich waren diese zwei Tage. Und ja, 1935 heiratete meine große Schwester Luluka Béla Wigdorovits, und 1940 kam ihre Tochter Zsuzsika zur Welt. Also nach 1935 war unsere Familie am Feiertagstisch zahlreicher geworden.«

»Du hast mit deiner eigenen Familie später nie die Feiertage begangen«, stellte ich fest.

»Der Kern der Feiertage ist die Familie«, sagte Pici, »der gemeinsame Glaube, der warme Zusammenhalt, die Rituale, die Vorbereitung, die Spende für Bedürftige, damit auch sie die Feiertage mit einem gedeckten Tisch feiern können. Wenn es in der Synagoge Pausen gab – es dauerte von morgens bis um vier Uhr nachmittags, bis die Gebete beendet wurden – standen die Jungen von ihren Sitzen auf, suchten ihre Verwandten und Freunde auf, um ihnen alles Gute zu wünschen. Die kleineren Kinder spielten im Garten der Synagoge. Sie lachten. Es gab viel Lärm. Kinderweinen. Die jungen Frauen schauten aus ihrer getrennten Abteilung die Männer an. – So kommt die feierliche Atmosphäre zustande. Alle sind zusammen und freuen sich, das neue Jahr erreicht zu haben. Das habe ich gesehen und erlebt, bis zu meinem zwanzigsten Lebensjahr. Danach fehlte mir das, was einen Feiertag zu einem Feiertag macht: die Familie.«

Ob ich nun verstünde?

»Ungefähr«, sagte ich.

»Was man seitdem Feiertag nennt«, sagte Pici, »das war für mich nur ein Begriff. In Wirklichkeit war es für mich nur eine Parodie des Wahren. Verstehst du, was ich meine?«

»Ich versuche es, zu verstehen«, erwiderte ich.

»Heute ist die Bedeutung der Feiertage für viele nichts anderes als am Strand zu grillen«, sagte Pici. »Oder man fährt ins Hotel oder ins Ausland. Man isst und trinkt. Ich konnte solche neuen Bräuche in meinem Leben und in meiner Minifamilie – die bloß aus meinem Ehemann, deinem Großvater, und einem Kind, deinem Vater, bestand – nicht einbinden. Lieber habe ich mich traurig an die Vergangenheit erinnert, und nur zu gerne habe ich die Feiertage aus meinem Kalender ausradiert. Womöglich verstehst du mein altes Leben, das 1944 ein Ende nahm. Um ein neues Leben anzufangen, musste ich aus einem so unermesslich tiefen Graben aufsteigen, an dessen Schwelle ich allerdings bis zum heutigen Tag stehe, immerhin wieder auf meinen eigenen Füßen. Die Weisen sagen, das Ziel des Lebens sei das Leben selbst. Dem folgend habe ich das Ziel erreicht. Denn ich lebe noch.«

1938 - 1939

1938-1939 brachen schwierige Zeiten an«, fuhr Pici fort. »Die Eisernen Gardisten waren eine starke Macht. Ich kann mich erinnern, dass in den Zeitungen ständig Fotos von dem Führer der Eisernen Garde zu sehen waren. Er hieß Corneliu Zelea Codreanu. Eines Tages, Ende 1938, kam in den Zeitungen ein Bild in Trauerrahmen mit der Überschrift: ›Codreanu wurde ermordet‹. In dieser Zeit wurden Juden aus dem Zug geworfen, ihre Bärte wurden ausgerissen, sie wurden geschlagen, mit den Füßen getreten. So geschah es auch in dem Zug der Strecke Carei–Satu Mare.«

»Seid ihr auch hiervon betroffen gewesen?«, fragte ich.

»Mein Vater«, sagte Pici, »fuhr oft nach Satu Mare, denn dort gab es mehrere Firmen, die mit Brennholz handelten und mit denen mein Vater Geschäftsbeziehungen hatte, wie die Firma Lomaş, Someşana, Marmoroş şi Blanc – an die kann ich mich noch erinnern. In Satu Mare wohnte die Schwester meines Vaters, Anna. Sie war Witwe und hatte drei große Kinder. Vater besuchte seine Schwester und ihre Kinder, wenn er in der Stadt war. Meine Mutter bat meinen Vater in dieser Zeit nicht mehr dorthin zu fahren, denn sie hatte Angst um ihn. Vater sagte zu meiner Mutter: ›Gizike, es wird nichts passieren, Gott wird helfen.‹«

»Erzähl mir etwas über die Geschäfte deines Vaters«, sagte ich.

»Viele Jahre lieferte mein Vater Feuerholz an das Gymnasium für Jungen und an das für Mädchen in unserer Stadt Carei«, sagte Pici. »Es gab eine Ausschreibung. Drei große Holzhändler gaben ihre Preisangebote ab. Die drei Holzhändler waren Móric Singer, Ignác Grosz und mein Vater, Herman Meisels. Allerdings waren diese drei Holzhändler heimlich in einem Kartell organisiert. Sie hatten sich über die Angebotspreise zuvor verständigt. So konnte mein Vater ein minimal günstigeres Angebot abgeben. Natürlich musste er von seinem Profit aus dem Geschäft den anderen beiden Kartell-Mitgliedern einen gewissen Prozentsatz abtreten. Die beiden Schulen schätzten die Zusammenarbeit mit meinem Vater sehr. Frau Negrescu, die Direktorin des Mädchengymnasiums, stand in einem freundschaftlichen Verhältnis zu meinem Vater, auch weil ich schon die vierte Meisels in ihrer Schule war. Im Frühling 1939 wurde mein Vater von ihr zu einem Gespräch über die Holzgeschäfte eingeladen. Später berichtete er uns vergnügt über die vielen Komplimente, die er von der Direktorin in Bezug auf die Schulleistungen der Meisels-Mädchen bekommen hatte, aber am meisten hatte ich sie beeindruckt, und mein Vater würde eine Sünde begehen, wenn er mich nicht weiter studieren ließe. Und nach all diesen schönen Dingen sagte die Direktorin, der erste Preis könne auf gar keinen Fall einer jüdischen Schülerin gegeben werden, egal wie gut ihre Leistungen wären. Mein Vater meinte zu Hause, dies sei nicht schlimm, Hauptsache es sei erlaubt, in die Schule zu gehen.

Bei den Prüfungen lief alles sehr gut. Es gab Prüfungen in jedem Hauptfach, schriftlich und mündlich. Alles lief wunderbar. Wir mussten lateinische Texte auf Rumänisch, und rumänische Texte auf Französisch übersetzen, womit ich gar keine Schwierigkeiten hatte. Ich war mir sicher, dass ich die Beste in der Klasse werden würde. Am Jahresende wurden die Namen der

Besten vorgelesen. Den ersten Platz bekam Monica Văleanu, der zweite ging an Maria Coza und ich bekam den dritten Platz. Die Klassenbeste schloss den Jahrgang mit 9,99 von 10, die zweite mit 9,98 und ich mit 9,97 ab. Wir drei bekamen ein Buch als Belohnung für unsere Schulleistungen. Ich wollte den Preis nicht annehmen. Den ganzen Weg nach Hause habe ich geweint, denn es war nicht gerecht. Dies war eine der zahlreichen kleinen nationalsozialistischen Manipulationen, die die Eiserne Garde auf das gesellschaftliche System ausgeübt hatte. Ich empfand es als einen großen Schicksalsschlag in meinem Leben. Meine Eltern waren entsetzt, dass ich mir dies so zu Herzen nahm. Für mich war es aber keine Kleinigkeit, denn ich hatte für meine Leistung hart gearbeitet. Ich war erst fünfzehn Jahre alt, hatte über den Nationalsozialismus in Deutschland etwas gelesen, über den Nationalismus der Eisernen Garde, aber der Mensch kann wahrscheinlich solche Dinge nicht wirklich begreifen, bis er es selbst zu spüren bekommt.«

»Aber du hattest bestimmt schon früher von der Eisernen Garde gehört«, sagte ich.

»Als ich noch sehr jung war, habe ich davon gehört«, sagte Pici. »Damals wusste ich noch nicht, was das ist und was das bedeutet, ich wusste nur, dass die Eiserne Garde für uns Juden schlecht ist.

Ich ging vermutlich noch in den Kindergarten, als ich bei Großmutter zu Besuch war. Ich diskutierte mit Erzsike vor dem Haus auf der Straße, als drei gutaussehende junge Männer auf Pferden vorbei ritten. Erzsike wusste, dass einer von den Männern Daniló hieß, und dass er ein Eiserner Gardist war. Erzsike wusste auch, dass dieser Daniló auf Besuch bei einer rumänischen Familie war. Diese Familie wohnte bei der Post. Die Söhne dieser Familie studierten an der Universität in Bukarest, und dort hatten sich die beiden mit dem Eisernen Gardisten Daniló angefreundet.«

Pici fragte mich, ob ich keinen Hunger hätte, aber weder ich noch sie wollten etwas essen.

Ob sie weiter erzählen sollte?

Ich nickte.

Ob ich sicher nichts essen wolle?

»Später«, sagte ich.

»Wenn ich mich richtig erinnere, war es 1938«, sagte Pici plötzlich. »Eines Tages kam Vater zurück aus der Stadt in Begleitung eines uns unbekannten vornehmen Mannes. Er war nicht alt, obwohl er graue Haare hatte. Der Mann machte einen sehr zerrütteten und mitgenommenen Eindruck. Er verbeugte sich wortlos. Vater sagte zu Mutter: ›Gizike, ich bitte dich, unserem Schicksalsgenossen ein warmes Mittagessen zu servieren.‹ Mutter deckte den Tisch und servierte das Essen. Wortlos und mit gesenktem Kopf aß der Mann alles auf. Man merkte, dass er großen Hunger hatte. Dennoch aß er, wie es sich gehörte. Als der Mann sein Mittagessen verzehrt hatte, stand er auf, verneigte sich und folgte Vater schweigend in die Stube. Als sie wieder heraus kamen, fragten wir Vater aus, aber er sagte, es sei besser, wenn wir nichts wüssten. Später erzählte uns Mutter, dass dem Mann die Flucht aus Österreich gelungen war. Über den Verbleib seiner Familie wisse der Mann nichts. Er wollte nach Palästina, um hoffentlich seine Angehörigen dort zu treffen.«

Weil Pici nicht sofort weiter erzählte, und weil diese Geschichte spannend und ein wenig kafkaesk auf mich wirkte, fragte ich nach, was mit dem Mann geschah.

»Vater ging mit dem Mann zu einigen Menschen, die in der Lage waren, zu helfen. So wurde zu allererst Geld für den Mann gesammelt. Dann suchte Vater die *Zionistische Jugend* auf. Zwei junge Menschen begleiteten den Mann bis Cluj, wo er mit Hilfe anderer Begleiter die Hafenstadt Constanţa erreichte. Sie besorgten ihm eine Schiffskarte, um damit in das Heilige Land fahren zu können. Wenn ein Jude in Not war, ganz egal, woher er kam, wendete er sich zuerst an die Gemeinde. Vater war Protokollführer bei der Gemeinde und Mitglied des Rates, des sogenannten *Bet-Din*. So war er zuständig für solche Angelegenheiten. – Die ganze Familie war erschüttert von der traurigen, tragischen Lage des Mannes. Offensichtlich war der Mann an bessere Verhältnisse gewöhnt. Und nun musste er am fremden Tisch essen, war auf die Hilfe zahlreicher, ihm unbekannter Menschen angewiesen. All diese Torturen musste er mitmachen, weil er Jude war. Es machte keinen Unterschied, ob reich oder arm, wissend oder unwissend. All das zählte nicht, solange man das Stigma hatte, ein Jude zu sein.

Damals und auch noch später drangsalierte ich meinen Vater mit der Frage, warum man uns so etwas antue, wir seien ja genau solche Menschen wie die anderen auch und schadeten niemandem. Mein Vater rief: ›Schweig!‹ Er sagte: ›Ein Jude sollte froh sein, wenn man ihn leben lässt.‹ Ich konnte mich mit dieser Antwort meines Vaters nicht zufrieden geben, und fragte ständig: ›Aber warum? – wir haben nichts getan.‹«

Großmutter und Tante Lilike

Meine Tante Lilike und ihr Mann Jakab lebten bei meiner Großmutter und meinem Großvater. Meine Großeltern liebten Jakab sehr. Jakab kannte sich mit vielen Dingen aus. Wenn er Zeit hatte, besorgte er vom Traubenhändler Wein. Er sorgte dafür, dass die Fässer im Keller entsprechend behandelt wurden, worauf der neue Wein eingefüllt werden konnte. Also die Alten verstanden sich sehr gut mit den Jungen. Jakab war bodenständig, fleissig und scherzte viel mit der Alten, die darüber nicht beleidigt war. Großmutter war entzückt darüber, dass Jakab sie Málkelé nannte.

Die Eltern von Jakab zogen von Vezendrő nach Carei. Die Familie Farkas hatte ein schönes, großes Haus gekauft. Sie hatten zwei Söhne in Amerika, die den Eltern viel Geld geschickt hatten. Jakab war Partner in einem Textilhandel namens ›Katz und Farkas‹. Lilike war scheußlich, egoistisch und böse zu ihren Geschwistern, aber ihre Schwiegereltern waren für sie *die liebe Mama und der liebe Tata*, denn egal wie sehr Jakab seine Gattin Lilike liebte, seine Eltern waren ihm heilig. Jeden Samstagnachmittag gingen Lilike und Jakab zu Jakabs Eltern. Lilike sprach mit ihnen liebevoll, denn Jakab hätte nichts anderes geduldet. Lilike ging also gut mit ihren Schwiegereltern um, denn sie hatte auch einen finanziellen Nutzen davon. Trotzdem spürte die alte Farkas eine Kälte bei Lilike und pflegte zu betonen: ›Lilike ist meine Schwiegertochter und nicht meine Tochter!‹ Die alte Farkas hatte eine Tochter namens Irénke geboren, sie war allerdings bei der Geburt gestorben. So differenzierte Frau Farkas zwischen ihrer Tochter und Schwiegertochter sehr genau. Die Wahrheit ist, dass meine Mutter und auch die anderen Geschwister Jakab mehr lieb hatten als ihre Schwester Lilike. Jakab war ein besserer Mensch.

Ich denke es war 1935, als die Chassidim aus Carei Joel Teitelbaum, der später in Amerika sehr berühmt wurde, als Hauptrabbiner gewannen. Die Gefolgschaft des Rabbis wartete mit Begeisterung auf ihn. Sie fingen an, ein Gebetshaus für ihn zu bauen, das allerdings nur bis zur Hälfte gebaut wurde, denn der Rabbi ging lieber nach Satu Mare (auf Ungarisch Szatmár), wo er viele reiche Gefolgsleute hatte. Sein Gefolge verkaufte das halbfertige Gebetshaus an Jakab. Er fuhr mit dem Bauen fort, und ungefähr 1935 oder 1936 zogen Jakab und Lilike in ihr eigenes großes Haus. Hier kommt nun Großmutter in die Geschichte, die allein war in ihrer Wohnung, dem Laden und in der Kneipe. Da vermieteten sie den Laden und die Kneipe an einen unverheirateten Mann namens Dezső Lindenfeld. Der wollte dort auch schlafen. Diese Idee fanden meine Mutter und die anderen Geschwister nicht gut, denn Großmutter war, denke ich, schon über achtzig. Es ergab sich von selbst, dass Großmutter zu Lilike und Jakab ziehen sollte, und Großmutter wäre damit auch einverstanden gewesen, denn Lilike war ihre Lieblingstochter, die jüngste von zehn. Schon fünfzehn Jahre hatten Lilike und Jakab bei ihr gratis gewohnt, ohne Miete zu bezahlen. Aber der Umzug Großmutters zu Lilike haperte an einem Problem: In dem neuen Haus von Lilike und Jakab gab es kein Gästezimmer.

Gott sei Dank hatte Großmutter noch andere Töchter: Róza, Teri, Pepi und meine Mutter Gizi. Großmutter wollte zu uns ziehen. Es gab zwei Zimmer und eine große Küche. Wir waren noch vier Kinder zu Hause, zwei meiner drei Schwestern, ich mit elf und Béluska mit neun Jahren. Uns ging es gut, auch ohne ein Gästezimmer. Mutter wachte streng, dass niemand Großmutter beleidigte oder aufregte. Mein Bruder und ich hingen liebevoll an Großmutter. Wenn meine zwei älteren Schwestern eine Bemerkung machten, dass Großmutter Krümel auf den Boden streue, obwohl der Teppich gerade erst geschüttelt worden war, sprang Mutter wie ein Tiger auf und sagte: ›Wag es nicht meine Mutter zu beleidigen!‹ Und drohte ihrer erwachsenen Tochter Anci eine Ohrfeige an. Großmutters Bett wurde gebracht, damit sie gut und bequem schlafen konnte, und unter anderem auch eine grüne Soldatenkiste, die mit einem Schloss versehen war. Der Schlüssel hing an einer Schnur um Großmutters Hals. Großmutter hatte irgendein Einkommen, vielleicht auch Geld, ich weiß es nicht. Jedenfalls wurde die Miete für die Kneipe und die Wohnung jeden Monat zu ihr gebracht. Auch einige andere brachten ihr Geld. Mein Bruder und ich spionierten ihr nach und sahen, wie sie das Geld in die Kiste legte und mit dem Schlüssel abschloss. Aber wir wussten, dass sie am nächsten Tag das Geld herausholte, es in ein Taschentuch wickelte und sich auf den Weg zu Lilike machte. Sie war ja die Jüngste, ihr Liebling. Wir boten ihr an, sie zu begleiten, denn es war weit, aber sie wies uns zurück und sagte, sie könne ja noch gehen. – Das sage ich auch, wenn dein Vater und deine Mutter sagen, ich solle nicht weit gehen. Und ich antworte darauf, genau wie meine Großmutter: ›Ich kann ja noch gehen.‹

Im Haus gab Großmutter nun den Ton an. Wenn Mutter Teig wälzte, schob Großmutter sie zur Seite und sagte, sie könne es besser. Nach der täglichen Arbeit machten sich meine Schwestern schön, am Abend zogen sie sich elegant an, sie waren attraktiv und jung, sie gingen ins Kino oder nur flanieren, trafen sich mit Freundinnen oder wurden von diesen oder anderen

Jungen begleitet. Großmutter mochte diese Unternehmungen nicht. Sie sagte: ›Die Mädchen sollen putzen, waschen, bügeln. Abends sind es nur die Prostituierten, die allein auf der Straße spazieren.‹ Mutter versuchte, sie zu beruhigen und sagte: ›Liebe Mutter, die Mädchen sind fertig mit ihren täglichen Arbeiten, sie machen nichts Schlechtes, sie haben es verdient, ein wenig Spaß zu haben.‹ Meine schlagfertige Schwester Anci, die Schwierigkeiten hatte, sich zu bremsen, grätschte dazwischen, und sagte zur Großmutter: ›Liebe Großmutter, warum sagen Sie nicht Ihrer lieben Tochter Lilike, dass sie selbst putzen soll, denn sie hat ein Zimmermädchen und eine Dienstmagd, sie kann den ganzen Tag spazieren.‹ Da rief Großmutter: ›Wag es nicht mein Kind Lilike zu kritisieren, das steht dir nicht zu.‹ Mein Bruder und ich hatten unser Vergnügen bei solchen Wortkämpfen, während meine Mutter es weniger genießen konnte. Mal gab Mutter ihrer Tochter Recht, mal ihrer Mutter. Mein Vater hat Großmutter nie beleidigt. Er sagte, Großmutter sei eine alte Frau, die Mutter unserer Mutter. Ich habe schon erwähnt, dass wir friedlich miteinander umgingen. Es gab bloß kleine Diskussionen, die es in allen kinderreichen Familien gibt, auch in solchen Familien, in der nicht drei Generationen unter einem Dach lebten wie in unserer.

Im Herbst 1938 war ich im dritten Jahr auf dem Gymnasium, als es Großmutter plötzlich schlecht ging. Sie hatte eine Hirnblutung. Drei Wochen lag sie bewusstlos bei uns zu Hause. Tag und Nacht lösten sich ihre vier Töchter und der Sohn Dezső ab. Nur ihr Liebling Lilike kam nicht, um bei ihrer kranken Mutter zu wachen. Dr. Deutsch kam täglich. Ich fragte ihn ängstlich, ob Großmutter gesund werde. Der Arzt verneinte. Béluska und mir wurde in dieser Zeit klar, wie sehr wir Großmutter liebten. Mutter bestellte eine Frau von *Chewra Kadischa* gegen Bezahlung, sodass stets zwei Personen bei der Kranken waren. Einen Freitag zu Mittag kam ein Schames, der eine gefaltete schwarze Tuchdecke im Flur auf den Boden legte. Ich fürchtete mich und verabscheute diese schwarze Decke. Ich fürchtete mich auch immer wenn jemand in unserer Straße gestorben war. Die schwarze Draperie mit goldfarbenen Fransen wurde an die Straßentür gehängt, und darauf die Trauerankündigung. Ich fürchtete mich, an so einem Haus vorbei zu gehen und wechselte die Straßenseite. Und nun war hier im Haus, in unserem Haus, so ein Trauerstück. Ich fragte Vater, warum dieser Mann zu uns gekommen sei, Großmutter lebe doch noch. Vater sagte, wenn Großmutter uns Freitagnacht oder am Sabbat verließe, könne man die Vorbereitungen für die Beerdigung nicht unternehmen, sprich sie zu waschen, die Tachrichemet zu nähen, sie darin zu kleiden und sie schließlich in die transportable Kiste in einem neuen weißen Leintuch zu wenden, wo sie vier Männer zu Fuß zu dem weit gelegenen Friedhof tragen würden. Dabei müssten die vier Männer sieben Mal anhalten, um bestimmte Gebete zu sprechen, ein Abschied der Verstorbenen von ihrem Erdenleben in ritualisierten Etappen. Aber wenn der Tod sich am Freitagabend oder am Samstag ereignen würde, müsse das Ganze vorgezogen werden, weil die nächste Gelegenheit erst am Sonntag, also nach dem Sabbat eintrete, das aber im Sinne des Ritus zu spät sei. Egal wann der Tod sich ereignet, man muss den Verstorbenen auf den Boden auf Stroh legen und mit dem schwarzen Tuch bedecken.

Großmutter starb am Montagmorgen. Ich ging nicht zur Schule. Ich wurde zum Markt geschickt, um zwei größere Töpfchen zu kaufen, denn das Wasser musste aus einem brandneuen Topf auf den Leichnam gegossen werden. Diese Tat verrichteten Frauen von *Chewra Kadischa*. Sie schneiden die Haare – insofern der Verstorbene seine eigenen hatte – und die Nägel. In der

Zwischenzeit wird ein Gebet gesprochen. Im anderen Zimmer wartet man auf das weiße, ausschließlich per Hand gefertigte Leinentuch, das Kleid des Verstorbenen. Für eine Frau besteht das Kleid aus einem weiten Rock, der einfach umzuhängen ist, und einer Bluse, ohne Knopf und Spange. Nicht nur die Töchter nähen, sondern alle Verwandten, Freunde und Bekannte wollen einige Stiche daran nähen, das sei das größte Gebot, eine Mizwa, denn es ist eine Tätigkeit, für die man keine Gegenleistung erwarten darf. Wenn nämlich jemand etwas Gutes tut, könnte man denken, dass man es einmal auch zurück bekommt, aber von einem Toten kann man nichts erwarten. Dann wurde der Leichnam in den Garten gebracht. Die Familie und die Freunde kamen zusammen sowie unser Aschkenasi Rabbi Reb Abis Horovitz, der vor Kurzem aus Szaplonca nach Carei kam, und viele andere aus der Gemeinde. Mutter und ihren Geschwistern wurden die Kleider mit einem Messer gerissen – nicht mit einer Schere hinein geschnitten. Der Rabbi sprach kurz. Mein Onkel Dezső, Vater und Jakab sprachen dann das Kaddisch. Da weinte ich heftig. Seitdem habe ich das Kaddisch viele Male gehört und weine immer. Ich trauere immer um meine ganze Familie.«

Ich wollte Pici fragen, ob sie vielleicht eine Pause machen wolle, aber bevor ich sie das fragen konnte, fuhr sie fort: »Was ich noch hinzufügen möchte, auch wenn es nicht richtig zu der Trauer passt, aber es ist eben geschehen. Montagmorgen wurde Lilike über den Tod ihrer Mutter benachrichtigt. Sie kam sofort und holte den Brillantenohrring vom Ohr meiner Mutter, denn sie meinte, er stehe ihr zu. Niemand widersprach ihr und sie trug diesen Ohrring bis zu ihrem Tod im Jahre 1986, der übrigens auch auf einen Montag fiel. Nach ihrem Tod bekam ich den Ohrring nicht aus ihrem Ohrläppchen, also musste ihn mein Mann entfernen. Ich trug diese Ohrringe nie und schenkte sie bei der ersten Gelegenheit deiner Mutter.

Dem Toten legt man nichts in den Sarg, nur ein Brett unten und eins oben, sodass der Tote nah an der Erde ist. Auf einen jüdisch-orthodoxen Friedhof bringt niemand Blumen. Und denjenigen, deren Eltern noch lebten, war es verboten, hinein zu gehen, die sollten nicht trauern … Aber ich weiß nicht, ob dich diese Dinge überhaupt interessieren, vermutlich nicht.«

»Doch, doch«, sagte ich, »erzähl nur weiter.«

»Die Kinder trauerten um ihre Mutter. Sie saßen eine Woche in Schiwa, Onkel Dezső sagte jeden Tag und Abend ein Jahr lang Kaddisch in der Synagoge. Nach elf Monaten wurde ein Grabstein neben Großvaters Grab gestellt. Auf dem Grabstein stand geschrieben: Schlesinger Frau von Mór, geboren Amália Klein. Auf Hebräisch stand: Malka bat Arnzef HaLevi.«

Piri Ujházi I

Pici erzählte weiter über die vier Jahre, in denen sie das Gymnasium besuchte. An den Schultagen ging sie um halb acht Uhr morgens von ihrem Zuhause in der Episcopul-Pavel-Straße 17 Richtung Gymnasium. Sie ging stets mit ihrer Freundin Piri Ujházi zur Schule.

»Ihr Vater war Lehrer in dem Vasile-Lucaciu-Lyzeum«, sagte Pici. »Während der vier Jahre, in denen wir gemeinsam ins Gymnasium gingen, wurden wir enge Freundinnen. Piri war eine gute Schülerin. Unterwegs besprachen wir alles, was in der Schule passierte. Ich war aber nie in ihrem Zuhause und sie ist nie bei uns gewesen, trotzdem war es eine gute Freundschaft. Bis zu einem gewissen Ereignis im Herbst 1939 oder 1940. In der Schule gab es die Străjerie – das war so etwas wie später die Pioniere. Die Kinder mussten bei Appellen der Größe nach in einer Reihe stehen. Kati Görög oder ich waren stets die Kleinsten. Mal wuchs ich, mal sie einen Zentimeter. Bei den größeren Mädchen gab es häufiger mal einen Platztausch. Einmal geschah es, dass Ági Rozner, ein großes jüdisches Mädchen, dessen Eltern mit meinen befreundet waren, vor Piri gerückt wurde, obwohl Piri vor Kurzem noch größer gewesen war als Ági. Wütend schrie Piri: ›Wie diese Juden sich vordrängeln!‹

So war sie also, meine Freundin, mit der ich vier Jahre lang zusammen zur Schule ging und alles Mögliche mit ihr besprach …

Nach diesem Vorfall wechselte ich kein Wort mehr mit ihr, bis ich ihr nach der Shoah durch Zufall wieder begegnete.

Das interessante war, dass Ági Rozner, der diese Beleidigung eigentlich gegolten hatte, weiterhin mit Piri befreundet blieb. Aber ich habe diese Beleidigung anders aufgefasst. Die Betonung lag auf *Jude*, und ich war eine Jüdin!«

Herr Ujházy

Pici atmete tief durch und erzählte weiter: »Im Mai 1940 gehörte Carei noch zu Rumänien. Eines Tages kam der Lehrer Ujházy zu uns, der Vater meiner Freundin Piri. Jedes Jahr hatte er das Feuerholz, das er für den Winter brauchte, bei uns bestellt, einen halben Waggon, den er dann monatlich abbezahlte. Fast alle Lehrer der Stadt besorgten sich bei uns ihr Brennholz. Im Sommer wurde bestellt und dann wurde das Holz zu ihnen transportiert, bevor der regnerische Herbst einbrach.

Ujházy war ein vornehmer Herr. Er kam stets in die Küche, um auch mit Mutter zu sprechen. Einige Male kam er, um die monatliche Rate persönlich zu bezahlen. Manchmal war ich auch anwesend. Einmal bügelte meine Mutter gerade mit einem Kohle-Bügeleisen und Ujházy fragte sie, warum sie nicht ein elektrisches kaufen würde. Er habe vor Kurzem seiner Frau so ein Bügeleisen gekauft, damit wäre es viel einfacher, zu bügeln. Mutter sagte, dass wir auch schon so ein Bügeleisen hätten, dass es aber wegen eines Kurzschlusses zur Reparatur sei.

Als Ujházy zu Beginn des Sommers 1940 zu uns kam, dachte mein Vater, er komme, um wie gewohnt sein Holz zu bestellen. Aber Ujházy kam, um uns zu sagen, dass er zwar zufrieden sei mit unserer jahrelangen Dienstleistung, aber dass er nun das Holz nicht mehr bei uns kaufen würde, denn ›seine politische Überzeugung verbiete es ihm, bei Juden einzukaufen‹.

Das sagte er so wortwörtlich. Es sind mehr als siebzig Jahre vergangen, aber ich kann mich noch genau an seine Worte erinnern. Ich vergesse nie, wenn jemand gut zu mir ist, aber auch wenn jemand schlecht zu mir ist, vergesse ich nicht, um womöglich zu vergeben.«

Herbst 1940: Carei wird ungarisch

Ich hatte nicht die Möglichkeit, zu studieren«, sagte Pici. »Ich habe bloß die vier Gymnasialklassen abgeschlossen. Juden war es nicht erlaubt, zu studieren. Es hätte eine Möglichkeit gegeben, in Oradea weiter das Gymnasium zu besuchen. Dort gab es noch das Juden-Gymnasium mit acht Klassen inklusive Abitur. Wegen unserer finanziellen Situation war mir dies aber verwehrt.«

»Erzähl mir kurz über die Lage im Jahr 1940«, sagte ich.

»Dies Jahr war der Beginn der traurigen Jahre«, sagte Pici mit Bestimmtheit in ihrer Stimme. »Am 5. September 1940 kamen die Ungarn. Ein, zwei Wochen zuvor haben die Rumänen ihre Soldaten, die die Grenze bewachten, aus Carei abgezogen. Mehrere rumänische Familien flohen in den Süden von Siebenbürgen. Unter diesen Flüchtlingen waren viele von meinen Schulkollegen. Nicht nur diejenigen, die in hohen Positionen waren, sind weggegangen, sondern Menschen aus allen Schichten. In unserer Straße wohnte meine Mitschülerin Tereza Fernea mit ihrer Familie. Ihr Vater war Hausmeister im Gymnasium. Die Familie Fernea war arm wie die Kirchenmäuse. Eine andere Familie kam ebenfalls aus meiner Straße. Die Tochter der Familie hieß Neli Tușnea. Ihr Vater war ein häufig betrunkener Postmann. In beiden Familien, Fernea und Tușnea, gab es viele Kinder, die alle in die Schule gingen. Da fragte ich mich: ›Warum müssen solche armen Menschen weggehen?‹ Natürlich verstanden meine Eltern diese Dinge besser. Sie sagten, die Ungarn werden diese Armen aus ihrer erbärmlichen Arbeit entlassen, eben weil sie Rumänen seien, und an ihre Stelle werden andere Arme aus dem *Mutterland* kommen und sie ersetzen, denn in Ungarn war die Armut viel größer als in Siebenbürgen.

In unserer unmittelbaren Nähe wohnten schon ungefähr ein Jahr lang die Munteanus. Herr Munteanu war vor seiner Pensionierung Notar in Szaniszló gewesen. Sie hatten das schöne, große Haus neben uns gekauft. Er hatte drei erwachsene Söhne, zwei Rechtsanwälte und einen Richter, die bereits ihre eigenen Familien hatten und in anderen Städten wohnten. Nur der vierte und jüngste Sohn, der Tiermedizin in Cluj studierte, wohnte noch zu Hause. Als die Ungarn kamen, holten sie Herrn Munteanu ins Polizeirevier. Sie haben ihn dort so geschlagen, dass er eine Hirnblutung bekam und auf einer Seite gelähmt blieb. Das tat uns sehr leid. Einen Fuß schleppte Herr Munteanu seitdem hinter sich her und ein Arm hing kraftlos an ihm herab. Wenn ich mich richtig erinnere, war er fünfundsechzig Jahre alt. Die Familie entschied sich, Zuflucht in der rumänischen Stadt Deva zu nehmen. Sie boten uns an, ihre Sachen billig zu kaufen. Meine Eltern wollten nicht aus der Misere des anderen Profit schlagen, also sagten sie zu Munteanu, er solle es den Ungarn anbieten.«

»Und wie empfand man den Einmarsch der Ungarn?«, fragte ich.

»Viele tobten vor Freude, andere warteten bange ab, was sich nun ergeben würde«, sagte Pici. »Die ungarische Armee marschierte an einem Herbsttag in Carei ein und richtete in unserem Garten ihre Feldküche ein. Sie beschlagnahmten das größere Zimmer für Dr. Patonay, den Hauptmann, der für die Versorgung der Truppe zuständig war. Wir dachten, er sei ein vornehmer Herr. Dies war ein Trugschluss, trotz seiner Uniform, seines Schwertes usw.

Der Hauptmann wollte, dass das Zimmer immer geheizt war, wenn er kam. Er ging durch unser Vorzimmer hindurch, aber er grüßte uns nie.

Bei dem Versorgungsamt mussten wir mal eine Schuhsohle für Béluska anfordern. Meine Schwester Icu ging mit dem schriftlichen Antrag in das Büro des Hauptmanns. Der bot ihr an, den Antrag zu unterschreiben, wenn Icu in der Nacht zu ihm ins Zimmer kommen würde. Icu kam aus seinem Büro und warf den Antrag für die Schuhsohle in den Müll. Die Sohle haben wir später auf dem Schwarzmarkt bekommen.

Der Hauptmann Patonay wohnte drei, vier Monate bei uns. Eines Tages sagte er, er habe ein besseres Zimmer gefunden und ging ohne jede Verabschiedung fort. Ein Soldat folgte ihm mit seinem Koffer. Vielleicht war dieser Hauptmann tatsächlich ein vornehmer Herr gewesen, aber er fand es nicht der Rede wert, sich Juden gegenüber so zu verhalten, wie er sich gegenüber Ungarn verhielt.«

Icu

Die ersten Vorkehrungen der ungarischen Behörden waren, die Judengesetze in Nordsiebenbürgen einzuführen.

»Dies hat uns sehr empfindlich getroffen, moralisch und materiell. Juden wurde gesetzlich verboten, mit gemeinbedürftigen Dingen zu handeln. Das Brennholz gehörte dazu. Ausgenommen wurden nur Möbelholz für die Tischler, Balken für den Bau sowie Speichen, Schwellen und Wagenrollen für die Stellmacher. Aber davon konnte man nicht leben, denn in dieser Zeit war es nicht mehr üblich, alte Möbel gegen neue zu tauschen. In dieser Zeit war Krieg. Die jungen und nicht ganz jungen Männer und Tischler wurden eingezogen. Es gab niemanden, der Möbel anfertigen konnte, und Möbel wurden nicht nachgefragt. Die zwei großen Bretterkammern waren voller Planken, Nussbaum, Kirschbaum, Linde und Buche. Es gab aber keine Käufer. Auch die Stellmacher kauften kein Holz, denn sie waren auch in die Armee eingezogen worden und außerdem ließ niemand Wagen bauen, denn es gab keinen Verkehr.«

»Und von was habt ihr dann gelebt?«, fragte ich.

»Wir lebten von der Hand in den Mund«, sagte Pici. »Auch meine Schwester Icu konnte ihrer Arbeit nicht mehr nachgehen. Meine Schwester Icu war seit ungefähr drei Jahren Buchhalterin in einem Raulederlager. Sie verdiente ziemlich gut. Slajni Grün war der Chef. Er war kompetent in Sachen Leder, sprach aber kein Rumänisch. Icu erledigte für ihn alle offiziellen

Dinge. Aus Bukarest kamen viele Bestellungen, die ins Ungarische übersetzt werden mussten. Icu brachte abends die Papiere nach Hause und ich half ihr beim Übersetzen. Das Rauleder gehörte, wie das Holz, zu den Produkten, mit denen Juden nicht mehr handeln durften.

Icu war eine sehr kluge, hübsche Frau, die sich elegant kleidete. Sie konnte gut reden. Sie war bodenständig und pragmatisch. Nach ihrer Entlassung war sie jedoch vollkommen gebrochen. Heute würde man es *depressiv* nennen.«

Abbildung 6: Icu, die Schwester von Pici, mit 21 Jahren (ca. 1938)

»Icu wusste nicht, was sie anfangen sollte«, fuhr Pici fort. »Es gab keine Aussichten, eine Arbeit zu finden. Sie war auch traurig, weil ihr Verlobter Jóska Guttmann zur Zwangsarbeit eingezogen worden war. Er wurde in die Ukraine geschickt und man hörte nichts von ihm.«

»Gab es überhaupt keine Nachrichten von denen, die in der Ukraine Zwangsarbeit leisteten?«, fragte ich.

»Die ersten Todesnachrichten über die Zwangsarbeiter aus Carei kamen äußerst schnell«, sagte Pici. »Laci Pataki starb an Typhus. Er war jung verheiratet und seine Tochter war wenige Monate alt. Aus Carei und den Regionen Nordsiebenbürgens waren alle männlichen Juden zwischen achtzehn und fünfundvierzig Jahren zum Arbeitsdienst gezwungen worden.«

»Wie war die Lebensmittelversorgung in dieser Zeit?«, fragte ich.

»Die Lebensmittel waren rationiert«, sagte Pici. »Es gab Mehl, das zur Hälfte mit Maismehl gestreckt wurde. Ich weiß nicht, was für ein Mehl es war. Mit einem Schleiersieb siebten wir das Unreine aus dem Mehl. Aber das Mehl, das übrig blieb, war auch nicht gut, denn das Brot, das der Bäcker daraus backte, war unten und oben mit einer harten Kruste bedeckt, und dazwischen war nur ein zwei Finger breiter Kleister. Als die Region zu Ungarn wechselte, gab es großen Lebensmittelmangel. Was die Ungarn hatten, mussten sie an die Deutschen ausliefern. Das war der Preis für die Annektion der neuen Gebiete, deswegen mussten Soldaten in den Krieg ziehen. Ungarn zogen nach Siebenbürgen und kauften alles auf, nicht nur Lebensmittel, auch Textilien und Baumwollwaren. Denn in Ungarn wurde alles schon aus künstlicher Faser hergestellt, die auf Wasser ganz schlecht reagierte. Man musste sie äußerst vorsichtig waschen, sonst fiel sie wie Papier zusammen. Langsam wurden viele Dinge Mangelware und mussten teuer auf dem Schwarzmarkt erworben werden.«

Näherinnenlehre

Wenn der Mensch sich in einer schweren Lebenssituation befindet, versucht er, daraus zu entkommen. Diejenigen, die Schafe hatten, lieferten ihre Wolle nicht, sie beschädigten das Fell oder flochten selbst daraus Wolle. In jedem Haushalt wurde gestickt, denn bei den Händlern konnte man keine warmen Pullover, Schals oder Handschuhe erwerben. Angorahasen wurden gezüchtet. Wenn das feine Fell gewachsen war, wurden die Hasen gezupft. Ich konnte dies nicht mit ansehen, so sehr tat es mir für die Tiere leid. Aus dem Angora wurden schöne und warme Dinge hergestellt.

Icu kaufte sich ein Spinnrad, und lernte zu spinnen. Icu spann von morgens bis abends. Sie hatte immer Arbeit. Sie wurde nach dem Gewicht des Garns, das sie gemacht hatte, bezahlt. Icu, die immer so aktiv war, ein sehr sozialer Mensch, ging kaum noch aus dem Haus. Jetzt gingen wir nicht mehr in der Stadt spazieren. Dort waren ungarische Soldaten und Offiziere, die kein Blatt vor den Mund nahmen. Sie machten Beleidigungen wie *Judenschlampe* und andere, noch schlimmerer und gemeinerer Art. Ins Kino gingen wir nicht mehr. Die ungarische Filmindustrie versorgte die Kinos mit nationalistischen und antisemitischen Filmen wie zum Beispiel den Film *Örség váltás* (Wachposten-Wechsel), in dem der jüdische Fabrikdirektor mit Riesenohren, großer Adlernase, fettem Bauch, behaarten Händen und mit einer dicken Zigarre in seinem Mund dargestellt wurde. Diesem jüdischen

Monster standen die von ihm ausgebeuteten, mageren und armen ungarischen Arbeiter mit ihren hungernden Kindern gegenüber.«

»Du hast diesen Film im Kino gesehen?«, fragte ich.

Pici bejahte und fuhr fort: »Im Kino gab es Pfiffe, während der Film lief. Ich schämte mich und ging. Mit gesenktem Blick trottete ich nach Hause und sagte mir, ich werde nicht mehr ins Kino gehen.«

»Das war 1940«, sagte ich.

»Ich war sechzehn Jahre alt, mit geringer Schulbildung, aber mit einem großen Verlangen nach Wissen. Meine Eltern waren praktische Menschen, sie sagten, ich könne nicht die ganze Zeit zu Hause sein und lesen, ich sollte einen Beruf lernen. Ich hatte Lust, Fotografin zu werden. In der Stadt gab es zwei Fotografinnen: Kató Lukács und Márta Gáspár. Die beiden kamen allerdings von Anfang an nicht in Frage, denn in den Schaufenstern ihrer Geschäfte stand mit großgedruckten Buchstaben der Satz: *Dies ist ein christlich ungarischer Laden.* Und Márta Gáspár war eine der ersten Mitglieder der Pfeilkreuzler-Partei. Kató Lukács kannten wir gut, aber weil sie sich als christliche Ungarin bezeichnete, haben wir es bei ihr nicht versucht.

Dann ergab sich die Gelegenheit für mich, Nähen zu lernen. Meine Cousine Tubi hatte eine erfolgreiche Schneiderei mit zwei Gehilfinnen und zwei, drei Auszubildenden. Ihre Arbeit war so gut und geschätzt, dass Ungarn und Juden aus den höchsten Kreisen ihre Sachen bei Tubi anfertigen ließen. Tubi liebte mich und ich sie. Ich versuchte, mich in ihrem Geschäft anzupassen. Manchmal war es jedoch nicht einfach, denn Tubi hatte Anwandlungen, die ich als Nervenzusammenbrüche bezeichnen würde. Diese Ausbrüche waren nicht gegen mich gerichtet, vielmehr gegen ihre Belastungen und die materiellen Schwierigkeiten. Tubi hatte ihre ganze Familie zu versorgen: Mutter,

Vater, die Schule ihrer kleinen Schwester Katóka musste bezahlt werden, die Wohnung, all dies waren ihre Probleme und so hatte sie ab und zu einen Ausbruch. Obwohl ich über all dies Bescheid wusste, fiel es mir trotzdem schwer, wortlos diese lauten Szenen auszuhalten.«

»Du hast also bei deiner Cousine eine Lehre als Näherin gemacht«, sagte ich.

»Ja. Aber die erste Arbeit, die ich machen musste, hatte wenig mit Nähen zu tun«, sagte Pici. »Ich musste einen langen Frauenmantel zerlegen und bügeln, denn der Mantel sollte ausgedreht werden. Der Mantel gehörte Dr. Melinda und stammte aus dem berühmten Nágay-Salon in Budapest. Ich zerlegte ihn mit der Nadel und nicht mit der Schere, um nicht versehentlich in den Mantel hinein zu schneiden und ihn zu beschädigen. Tubi streichelte tröstlich meinen Kopf – mit sechzehn hatte ich noch einen Zopf – und sagte, ich solle nicht sauer sein, dass sie mir das Zerlegen als Arbeit gebe, aber es sei dringend. Ich sagte, es sei überhaupt kein Problem, wenigstens kann ich so schauen, wie der Mantel genäht werden soll. Tubi war begeistert von mir und sagte, ich habe Verstand. Tubi meinte, es sei noch keinem der Mädchen eingefallen, dass man so lernen kann. So fing also meine Karriere als Näherin an. Obwohl ich die Tätigkeit nicht liebte, habe ich mir Mühe gegeben. Nach zwei Monaten hatte ich bereits selbstständig einen Rock für die Frau von Lajos Roth genäht. Und die Qualität war gut. Das Kompliment war schön und auch ein kleiner Trost dafür, dass die Juden, inklusive meiner Familie, so weit an den Rand der Gesellschaft gerutscht waren. Als ich drei Monate bei Tubi war, drängte Mutter, ich solle offiziell als Auszubildende angemeldet werden, um später die Möglichkeit zu haben, eine Gehilfin zu sein. Das hieß, einen Beruf zu haben, mit dem ich Geld verdienen konnte. Tubi hatte keine

Meisterprüfung absolviert. Offiziell konnte Tubi also keine Beschäftigten und kein Nähgeschäft haben. Tubi bezahlte Steuern, aber ihre Beschäftigten waren nicht angemeldet. So vertrackt war die Situation. Mutter wollte diese Situation dringend ändern. Sie meinte, wenn ich schon einen Beruf erlerne, sollte ich die nötigen Dokumente haben. Mutter erreichte, dass ich in den Salon von Etelka Jakab als Auszubildende aufgenommen wurde. Ich wurde bei der Industrie- und Handelskammer eingeschrieben und Etelka Jakab bezahlte meine Krankenkasse. So fing ich an, ein arbeitendes Mitglied der Gesellschaft zu sein.«

»Wie lange dauerte die Ausbildung?«, fragte ich.

»In allen Industriezweigen dauerte die Ausbildung drei Jahre«, sagte Pici. »Ausnahmen gab es für diejenigen, die einen Mittelschulabschluss hatten wie ich. Die konnten schon nach einem Jahr die Fachprüfung ablegen und Gehilfe sein. Ein Jahr musste ich in die Berufsschule, was mir ganz und gar nicht gefiel. An zwei Wochentagen gingen alle möglichen Lehrlinge zwischen vierzehn und achtzehn Jahren aus den verschiedensten Industriezweigen in die Berufsschule. Die meisten waren Jungen, die mich anstarrten, als wäre ich etwas Seltsames. Sie pfiffen oder riefen mir ›Fräulein‹ zu. Es war eine durch und durch unangenehme Gesellschaft.

Am 15. März 1941 gab es eine große Feierlichkeit. Ein Aufmarsch auf dem Marktplatz. Die Elite der Pfeilkreuzler war komplett anwesend, inklusive ihres Führers Szálasi. Eine Flagge wurde gehisst – die Pfeilkreuzlerflagge. Die sogenannte Flaggenmutter war die große, blonde Frau Nagy, die mit Schweinefleisch handelte. Neben der Mutter stand ihre Tochter, die eine Kopie ihrer Mutter war. Die kleine Nagy war früher meine Mitschülerin gewesen. Sie war ein sehr dummes Mädchen. Ich erzähle dir all dies, weil die Nagy-Frauen ihre Prachtkostüme bei uns hatten anfertigen lassen. Beide Kostüme waren mir zum Besticken anvertraut worden, um Perlen und Flitter anzunähen. Meine Chefin Etelka vertraute mir diese Arbeit an. Zuhause brach aus mir die Wehmut heraus, denn ich war mal die beste Schülerin gewesen, und nun stolzierten die zwei dicken Nagy-Frauen in ihren Prachtkostümen mit Zacke und Seide, woran ich stundenlang geschuftet hatte.

Nachdem ich acht Stunden im Laden gearbeitet hatte, machte ich auch andere Arbeiten. Meine Chefin im Nähgeschäft hatte eine Nichte, deren Vater Miska Tót ein erfolgreiches Textilgeschäft hatte. Als die Ungarn kamen, wurden die rumänischen Genossenschaften verkauft. Miska Tót kaufte sich eine kleine Genossenschaft in der Ortschaft Szilágysomjó. Da gab es eine ganze Menge Ware, von Nähnadeln bis zu Särgen, Fäden und Textilien. Aus diesem Geschäft schlugen die Tóts große Gewinne, denn es herrschte bereits Warenmangel. Sie verkauften die billigen, gemusterten Stoffe nicht im Laden nach Metern, sondern brachten sie ins Nähgeschäft und meine Chefin schnitt aus ihnen Hauskleider, die von oben bis unten Knöpfe hatten, mit zwei großen Taschen. Alle hatten den gleichen Schnitt, nur die Farben und Muster der Stoffe unterschieden sich. Meine Chefin wusste, dass ich diese Arbeit erledigen konnte. Für Sonntag nahm ich sechs Stück mit nach Hause. Mir wurden zwei Pengő pro Stück bezahlt. Täglich nahm ich dann zwei Stücke mit nach Hause und begann mit der Anfertigung um sieben Uhr abends. Wenn ich von der Arbeit nach Hause kam, setzte ich mich an die Nähmaschine. Ich ging erst schlafen, wenn ich mit dem Nähen der Kleider fertig war. Diese Kleider waren besonders bei den Bäuerinnen beliebt. Mit dieser Arbeit und meinem

Lohn als Gehilfin verdiente ich mehr als zweihundert Pengő im Monat. Mit der zusätzlichen Arbeit habe ich meinen Lohn als Gehilfin verdoppelt. Nur der Samstag war frei, und diesen Tag verbrachte ich mit Lesen.

In dem Nähgeschäft arbeitete ich ein Jahr lang als Gehilfin. Ich wurde geliebt und geschätzt, dennoch wurde ich entlassen. Es gab weniger Arbeit. Den Krieg konnte man regelrecht spüren. In dieser Zeit blieb nur ein Mädchen dort, das drei Jahre als Gehilfin ohne Lohn gearbeitet hatte. Sie war eine arme Witwe, deren Mutter eine Putzfrau war. Meine Chefin und ich verabschiedeten uns voneinander mit gegenseitigem Respekt.«

»Du warst also ohne Arbeit«, sagte ich.

»Nicht lange«, sagte Pici. »Lipó Weisz nahm mich als Gehilfin. Es war eine Schneiderei für Frauen und Männer, sie befand sich am Hauptplatz. Diese Zeit – ich weiß nicht genau, wie viele Monate ich dort arbeitete – war ein Alptraum. Der Meister war taubstumm, aber ein guter Schneider. Es gab zwei Gehilfen. Der eine war Toni Fina und der andere dein zukünftiger Großvater, Hóhágyi, der Vater deiner Mutter.«

»Ihn habe ich leider nicht gekannt«, sagte ich, »denn er starb, bevor ich geboren wurde. Alle in unserer Familie scheinen *Schneider* gewesen zu sein. Du und meine beiden Großväter waren Schneider. Wir sollten nicht Scheer, sondern Schneider heißen, obwohl die Schere dem Schneider doch ein freundlicher Begleiter ist ...«

»Dieser arme Taubstumme schrie die ganze Zeit mit unartikulierter Stimme vor sich hin«, nahm Pici mir das Wort ab. »Wenn ihm nicht gefiel, was seine Gehilfen machten, war er im Stande, die fertigen Sakkos zu zerreißen. Stets log er seine Kunden an. Die Arbeit war nie rechtzeitig, wie er es versprochen hatte, fertig. Er hinterzog Steuern. Ansonsten bezahlte er schlecht. Mein letztes Gehalt blieb er mir für immer schuldig. Jedenfalls musste ich weiter machen, trotz allem.«

Ein Steinwurf

An einem Abend im Winter 1942 war es eisig kalt und es schneite. Ich litt unter Kopfschmerzen, denn die steifen Wintertuchmäntel musste ich mit dem Kohleeisen bügeln und von dem Kohlendampf bekam ich immer Kopfschmerzen. An diesem Abend war ich unterwegs nach Hause. Das Nähgeschäft lag nicht weit von uns entfernt. An der Straße brannte kein Licht, es war stockdunkel. Allein der Schnee an der Seite des Grabens beleuchtete die Straße. Keine Menschenseele war unterwegs. Als ich schon fast zu Hause war, rannte jemand von vorne kommend an mir vorbei. Diese Person hatte eine schwarze Strumpfmaske über ihrem Gesicht. Ich hatte Angst. Als ich zu Hause ankam, saßen meine Mutter, meine Geschwister und mein Vater in der kalten Küche. Ich war vollkommen verwirrt, bis ich die Situation begriffen hatte. Vater saß am Tisch, an seinem gewohnten Sitzplatz, gegenüber dem Fenster. Jemand hatte einen großen Stein durch das doppelte Fensterglas hinein geworfen und die Stirn meines Vaters verletzt. Er blutete, aber glücklicherweise war es nichts Ernstes. Meine Schwestern hatten das Blut weggewaschen, die Wunde desinfiziert und verbunden. Natürlich kühlte das Loch im Fenster die Küche aus. Ich weiß nicht mehr, wie wir bis zum nächsten Tag das Fenster mit Papier verklebt hatten. Dieses Ereignis hatte uns sehr aufgewühlt. Offensichtlich funktionierte die Propaganda der Pfeilkreuzler. Der unerkannte Täter, der den

Stein geworfen hatte, war an mir vorbei gerannt. Wir wussten nicht, wer es war. Wir vermuteten, es wäre ein armer Junge, der aufgehetzt worden war.

Am nächsten Tag kam Frau Szalacsi zu uns, um sich zu entschuldigen. Ihr Sohn hatte bei uns die Scheibe eingeworfen! Wir sollten ihn bitteschön nicht anzeigen. Als wenn eine Anzeige von Juden etwas bewirkt hätte!

Frau Szalacsi war eine Witwe mit drei, vier Kindern. Die Familie lebte davon, dass Frau Szalacsi für verschiedene Haushalte die Wäsche wusch. Ihre große Tochter arbeitete in der Tabakfabrik.

Früher kamen Mutter und Tochter oft spät abends im Winter bei uns an. Dann knarrte das Tor und sie wollten zehn Kilo Holz (wir hatten auch geschnittenes Holz verkauft, als es noch erlaubt war). Niemand von uns wollte mit der Batterielampe hinaus in die Holzkammer gehen (Elektrizität konnte nicht in den Schuppen verlegt werden wegen Feuergefahr), aber Vater nahm immer die Lampe und schickte die Frau nie weg, egal zu welcher Zeit sie kam.

Vater meinte gutmütig, Frau Szalacsi habe sicherlich ihren Tagelohn bekommen und wollte etwas Warmes für ihre Kinder kochen, und im Haus gäbe es kein Stück Holz. Es wäre eine Sünde, jemanden ohne Holz wegzuschicken.

Es gab einige Kunden aus der Umgebung, bei denen es uns nicht um das Geld ging.«

Der Weg ins Ghetto

Bis zum 2. Mai 1944 habe ich in der Näherei gearbeitet. Am 3. Mai 1944 wurden wir ins Ghetto geschickt und verloren unser Zuhause.

Am 19. März 1944 waren die Deutschen gekommen. Die Juden waren aufgefordert worden, ihre vorhandenen Schmucksachen bei der Ungarischen Volksbank abzugeben. Nur die Eheringe durfte man behalten. Die Menschen, von denen man glaubte, sie hätten nicht alle Wertsachen abgegeben, wurden von der Gestapo abgeholt. Was bei der Gestapo geschah, darüber sprach man nicht, aber mir wurde kurze Zeit später klar, welche Methoden die Gestapo benutzte.«

»Jetzt kommt das Ghetto«, sagte ich nach einigen Momenten der Stille.

»Am 2. Mai 1944 erfuhren wir, dass wir am nächsten Tag ins Ghetto mussten«, sagte Pici. »Wir packten einen Koffer mit Kleidungsstücken für sechs Personen, ein wenig Lebensmittel, in ein Laken waren Federbett und Kissen gewickelt. Ein ungarischer Polizist kam in unser Haus. Er war ein junger Pfeilkreuzler-Obmann, dessen kleinen Bruder Anti Nagy ich gekannt hatte. Der Obmann kam zu uns in Begleitung eines älteren Mannes namens Komódi, der Buchhalter war in der Ölfabrik. Auch Komódi war Pfeilkreuzler, und er war derjenige, der für die schriftlichen Angelegenheiten zuständig war.

Meine Eltern waren sechsunddreißig Jahre verheiratet. Alles was sie in dieser Zeit besaßen, war im Haus. Wir nahmen nur mit, was uns erlaubt wurde und mit den Händen zu tragen war. Wir zogen alle unsere Wintermäntel an und neue, mit doppelten Sohlen ausgestattete Stiefel. Wir wussten nicht, wohin wir zur Arbeit mussten, also wollten wir gut gekleidet sein. Unser Haus wurde beschlagnahmt. Wir standen auf der Straße. Wir warteten auf den Wagen, der unser ›Vermögen‹ ins Ghetto fahren würde, während wir hinter dem Wagen hinterher gingen, so als wäre es ein Trauerzug.«

»Kannst du dich noch an einige Details über den Weg zu dem Ghetto erinnern?«, fragte ich.

»Wir warteten auf den Wagen«, sagte Pici. »Wir waren die einzigen Juden in unserer Straße – die Straße hieß nun Verbőczy 17. Der Wintermantel meiner Mutter war mit einem Fellkragen, ihr Kopf mit einem Pepitahalstuch bedeckt. Sie beugte sich gegen die Hausmauer und sagte: ›Nie mehr werde ich unser Haus sehen.‹«

Pici`s Gesicht wurde wurde blass. Ich schlug vor, eine kurze Pause zu machen und sie stimmte wortlos zu. Ich stand auf, ging in die Küche, um ein Glas Wasser zu trinken. Ich atmete einige Male ein und aus und ging zurück ins Picis Zimmer.

Dann sprach Pici weiter: »Wir warteten auf der leeren Straße. Die Nachbarn lauerten hinter dem Zaun. Das war ein Ereignis in der kleinen Stadt! Die Juden wurden weggeführt! Vielleicht tat es den Nachbarn leid, vielleicht nicht, ich weiß es nicht. Plötzlich kamen zwei Menschen daherspaziert, Miska Tót und seine Ehefrau Rózsika. Sie brachten einen großen, frischen Brotlaib, ein großes Stück Speck und einen Pullover. All diese Gegenstände drückten sie meinem Bruder Béluska in die Hand, lakonisch sagend, vielleicht würden die Dinge doch nützlich sein. Früher hatte ich für die Tóts Morgenröcke genäht und meine Schwester Icu hatte viele Angorafäden für sie gesponnen. Dann spazierten die Tóts weiter wie friedliche Spaziergänger – es war nicht chic, Juden zu helfen. Dies habe ich nicht vergessen, und es war viele Male gut, daran zu denken, dass wir nicht nur gehasst worden sind, und dass es auch Menschlichkeit in der Welt gibt.

In einem Leben mit reichlichen Wendungen kam es dazu, dass die Tóts einmal in eine kritische Situation gerieten. Dein Großvater half ihnen, nachdem ich ihm erzählt hatte, dass, während sich alle anderen von uns abgewandt hatten, die Tóts sich nicht gefürchtet hatten, sich uns gegenüber menschlich zu verhalten. Es war eine große Freude für mich, meine Dankbarkeit Ihnen gegenüber ausdrücken zu können.«

»Wie war der Weg zum Ghetto?«, fragte ich.

»An den Weg von zu Hause ins Ghetto kann ich mich nicht erinnern«, sagte Pici. »Und auch für die folgenden Zeiten gibt es solche kleinen Momente, die völlig in meinem Gedächtnis fehlen, aber nicht so, dass ich sie nach Jahren vergessen hatte, sondern so, als hätten sie nichts mit mir zu tun gehabt. Vielleicht, weil mein Verstand dies alles nicht nachvollziehen konnte und von sich wegschob – wer weiß, was sich in dem menschlichen Gehirn abspielt.

Wir wurden im Garten der Synagoge, in der Wohnung des Aschkenasi-Hauptrabbiners einquartiert. Es war ein ziemlich großes Zimmer, in dem sechsundzwanzig Menschen auf dem Boden liegen konnten. Alle hatten ihre Decken, mit denen sie schliefen, auf dem Fußboden ausgebreitet. Auch die Handgepäckstücke der Menschen mussten dort Platz finden. Das ganze Gepäck musste jeden Morgen aufgeräumt und der Boden gewischt werden, damit keine Epidemie ausbrach. Dr. Deutsch war der Ghetto-Arzt. Er wurde nicht zur Zwangsarbeit geschickt. Später wurde er deportiert. Der Arzt untersuchte streng das ganze Ghetto, sagte, die Sauberkeit sei in unserem eigenen Interesse, denn in so einem überfüllten Platz drohte der Typhus alle hinzuraffen. Vielleicht wäre der Typhus besser gewesen, als das kommende Jahr zu überleben. Diejenigen, die es überlebten, so wie ich, für solche Menschen bedeutete das Überleben eine lebenslange Last. Bis zum 3. Mai 1945, dem Tag meiner Befreiung vergingen noch 365 Tage, und was für Tage!«

Das Ghetto Carei

Als meine Mutter sah, dass pro Person in dem uns zugeteilten Zimmer nur ganz wenig Platz war, sagte sie nur: ›Gut, dass Mutter es nicht erlebt!‹

In unserem Zimmer im Ghetto gab es nur einen Mann aus Carei, den wir kannten. Es war Jumi Reiter und er war der Sohn des Ziegelfabrikanten. Er hatte kurz zuvor geheiratet und hatte einen wenige Monate alten Sohn. Seine Frau war Christin und sie blieb mit dem gemeinsamen Sohn außerhalb des Ghettos. Einmal kam sie mit dem Baby ins Ghetto, um ihren Mann zu besuchen. Unsere anderen ›Mitbewohner‹ waren Juden aus der ländlichen Gegend, was letztendlich egal war, denn wir saßen alle im gleichen Boot.«

»Was habt ihr den ganzen Tag gemacht?«, fragte ich.

»Mutter kochte«, sagte Pici. »Ich weiß nicht, was sie kochte, was wir aßen. All dies ist in meiner Erinnerung ganz verschwommen. Im Garten am Brunnen wuschen wir uns die Hände und Gesichter. Tagsüber suchte ich meine Tanten auf. Ich weiß nicht, woher wir Brot hatten. Ich erinnere mich daran, dass Icu innerhalb von zwei Wochen zwei Mal aus dem Ghetto gelassen wurde, unter Aufsicht eines Pfeilkreuzlers, um mit einer Milchkanne bei Ackermann an der Ágoston-Straße Milch zu besorgen. Mein Vater, mein lieber Vater, hatte es nie satt gehabt, das große, alte, mit Leder gebundene Buch zu studieren, das er von seinem Großvater geerbt hatte.

Kaum waren wir im Ghetto, kam zu uns ein unbekannter Mann, der sich als Lehrer Koncz vorstellte. Er sagte, ihm wurde unser Haus zugewiesen und dass etwas unterschrieben werden müsste. So fand unser Haus mit allem Hab und Gut darin einen neuen Besitzer.

Am letzten Tag im Ghetto bekam ich eine Feldkarte von einem Jungen namens Jancsi Simon aus Kaposvár, mit dem ich schon seit zwei Jahren korrespondierte.

Jancsi Simon

Vielleicht erzähle ich gleich etwas über Jancsi, denn an ihn erinnere ich mich gerne. Obwohl ich immer sehr bodenständig war, war ich andererseits auch romantisch. Und warum auch nicht? Ich war noch keine achtzehn Jahre alt, als ich Jancsi Simon kennenlernte. Dies geschah in der Zeit, als ich die mit schlechten Erinnerungen geprägte Berufsschule besuchte. Es war ein herbstlicher Nachmittag im Jahre 1942. Ich ging mit wenig Begeisterung zur Berufsschule, den Zeichenblock unter meinem Arm – ich hatte Fachzeichnen und ungarische Erdkunde. Vor dem Kossuth-Garten gab es einen Friseurladen. Auf der Bank vor dem Laden saß ein Junge mit einer gelben Armbinde. Er hatte Zivilkleider an und eine Soldatenkappe auf dem Kopf. An einem seiner Füße hatte er einen Hausschuh. Neben ihm stand der Gefangenen-Aufseher mit Gewehr. Niemals machte ich Bekanntschaft auf der Straße, aber ein Zwangsarbeiter war anders, mit ihm war es erlaubt, ins Gespräch zu kommen. Der unbekannte Junge stand auf und sagte, dass sein Freund, der beim Friseur sei, nach der Tochter des Klempners Katz suche, die seine Bekannte sei. Ich sagte, dass sie genau in der Straße gegenüber wohnten, aber ich nicht wisse, in welchem Haus. In der Zwischenzeit hatte sich der Junge vorgestellt, nahm mir das Buch aus der Hand und schlug es dort auf, wo sich das Lesezeichen befand. Im Buch stand: transdanubische Hügellandschaft. Der Junge sagte, er komme von dort, von Kaposvár. Er wurde zur Zwangsarbeit nach Szárhegy gebracht,

aber der Schnürstiefel hatte seinem Fuß geschadet und er bekam eine Infekti-
on. Nun sei er unter Aufsicht unterwegs nach Satu Mare zum Militärhospital.
Das ganze Gespräch mit dem Jungen dauerte keine fünf Minuten. Dann hörte
ich das Klingeln der Schulglocke und ich rannte weg. Zu Hause berichtete
ich, dass ich diesen Jungen kennengelernt hatte. Der Junge sah gut aus, war
ungefähr einundzwanzig Jahre alt. Er hatte schwarze, wellige Haare, schöne
Augen, eine Brille mit schwarzem Rahmen. Er war nicht sehr groß. Er war
fröhlich. Das ist, was mir nach der fünfminütigen Bekanntschaft in Erinnerung blieb. Nach ungefähr einem Monat kam eine Postkarte aus Satu Mare an
unsere Adresse, mit Grüßen von Jancsi Simon. Das gefiel mir.

Ich weiß nicht mehr, wieviel Zeit vergangen war. Es war schon Sommer-
zeit, ein Sonntagvormittag, an dem ich sechs Morgenröcke nähen sollte. Anci
rief aus dem Garten: ›Bözsike! – so wurde ich genannt – Bözsike! Nach dir
wird gesucht!‹ Es war Jancsi Simon. Er kam, um sich vorzustellen. Zum
Abendessen ließ er sich nicht einladen. Der Gefangenen-Aufseher ließ ihm
ein bißchen Zeit, bevor er zum Bahnhof musste. Ich begleitete ihn zum
Bahnhof und wenn ich mich richtig erinnere, hat er mich geküsst! Damit
begann eine sehr ernsthafte Korrespondenz zwischen uns«, sagte Pici.

Ich sagte Pici, dass heute eine Korrespondenz in sogenannten Chats im
Internet geführt werde, nicht mehr wie früher mit der Post. Was in ihrer Zeit
manuell war, ein Briefwechsel zum Beispiel, ist heute elektronisch.

»Alles digital,« sagte ich und wusste selbst nicht, warum ich noch einige
Male das Wort digital benutzte. Vielleicht wollte ich einen Witz machen.
Nach all diesem Unsinn über digital und Digitalisierung, riss ich mich zu-
sammen und sagte zu meiner Großmutter, dass Jugendliche sich heutzutage

Bestens mit Sex auskennen. »Tatsächlich habe ich irgendwo darüber einen Bericht gelesen. Im Internet, wenn ich mich nicht irre«, sagte ich schelmisch.

Pici sagte, ja, damals waren die Jugendlichen in solchen Sachen wie Sex und Liebe gar nicht aufgeklärt.

Statt weiter darüber zu reden, sagte ich ihr, sie solle lieber weiter von ihrer Liebesgeschichte erzählen.

»Jancsi bat mich, meinen Zopf abzuschneiden«, fiel Pici ein.

»Wie bitte? Deinen Zopf abschneiden? Wollte er das wirklich?«

»Meinen Zopf sollte ich abschneiden, um ein Foto ohne Zopf zu machen, das er seiner Mutter schicken konnte. Denn er wollte seiner Mutter kein Foto senden, auf dem ich wie ein kleines Mädchen aussah. Eines Tages schrieb mir seine Mutter. Sie bat mich, ihr zu schreiben, was mit ihrem Sohn Jancsi sei. Jancsi hatte den Gefangenen-Wachmann bestochen, um den Brief, den er mir nach Carei geschrieben hatte, hinauszuschmuggeln. Seine Eltern erreichten bloß einige wenige, zensierte Lagerpostkarten. Natürlich hat es mir damals sehr imponiert, dass ich so wichtig für ihn war. Als die Russen kamen, wurde Jancsi an die Uzsoki-Meerenge versetzt. Dorthin schickte ich ihm ein kleines Paket. Er rauchte nicht, dennoch schickte ich ihm auch Zigaretten, mit denen er die Aufsicht bestechen konnte. Das war unser letzter Kontakt.

Zuerst dachte ich noch viel über Jancsi nach. Ich fantasierte, was sein würde, wenn wir uns wiedersehen würden. Aber irgendwann gab es kein Träumen mehr. Es gab keine Zukunft, nur noch den täglichen Alptraum.

Ghetto Satu Mare

Ja, wir waren noch beim Ghetto. Nach zwei Wochen im Ghetto von Carei wurden wir in das Ghetto von Satu Mare gebracht. Vater war zuversichtlich. Sein Jugendfreund Efráim Kamil – der eine Furnierfabrik besaß – wohnte dort. Er hatte ein großes Haus, und Vater stand stets in Kontakt mit ihm. Vater sagte, wir würden sicherlich Platz im Hause seines Freundes finden. Was in der darauffolgenden Zeit geschah, ist in meinem Gedächtnis verloren gegangen, kein Bild, kein Ton ist in meiner Erinnerung zurückgeblieben. Ich kann mich nicht erinnern, wie wir vom Ghetto in Carei zu den Viehwaggons gelangten, wo wir eingestiegen sind, wie wir gereist sind. Ich weiß nicht, wo wir ausgestiegen sind und ich kann mich nicht erinnern, auf welchem Weg wir nach Satu Mare hineingelangt sind. Bis heute fehlen mir diese Erinnerungen. Meine Erinnerung kehrt zurück, als wir bereits im Petőfi-Straßen-Ghetto in Satu Mare waren. Da war schon der große Zaun, der das Ghetto von der Außenwelt abgrenzte. Efráim Kamil hatte tatsächlich ein großes Haus, eigentlich zwei große Häuser. Ein Haus parallel zum anderen, mit einem langen Flur und einem großen Garten zwischen den Häusern. Als wir dorthin gebracht wurden, gab es so viele Menschen wie in einem Ameisenhaufen. Es gab rund 2.800 Juden aus Carei und Umgebung, und 15.000 aus Satu Mare und Umgebung. Diese Menge wurde in zwei Parallelstraßen gepresst, die Báthory- und die Petőfi-Straße und die kleinen Verbindungsstraßen dazwischen. Es gab Leute, für die es nur noch Platz in der Synagoge gab. Meine Tante Róza und ihre drei erwachsenen Kinder sa-ßen gedrängt in einer Ecke auf dem Marmorboden mit ihren Bündeln. Neben ihnen war meine andere Tante Teri und ihr Mann Samu – die beiden hatten keine Kinder. Irgendwo an der Báthory-Straße waren Lilike und Jakab zu-sammengezogen. Und wenn ich mich richtig erinnere, war mein Onkel Dezső mit seinen beiden Töchtern Tubi und Katóka auch in der Synagoge.

Es folgte eine Zeit, für die mein Gedächtnis nicht intakt ist. Ich habe keine Erinnerung darüber, was Mutter in diesen zwei Wochen kochte, und ich weiß nicht, was wir aßen, und wo wir saßen, um zu essen. Als man über die Transporte sprach, sagte Mutter, dass wir noch Gänsefett und ein wenig Mehl hätten, dies könnten wir nicht mit uns nehmen, Gott weiß, wohin sie uns bringen würden. Also backte sie uns Pogatschen auf. Der erste Transport wurde in Bewegung gesetzt, dann nach ein, zwei Tagen folgte der zweite. Wir wurden mit dem dritten, oder vielleicht auch mit dem vierten Transport deportiert. Vermutlich war es der 2. Juni, aber ich weiß es nicht genau.[1] Wer wusste schon das Datum oder was für ein Tag war? Eines aber ist sicher, dass es ein Samstag war, als wir deportiert wurden.«

Ich fragte Pici, woher sie wisse, dass der Tag ihrer Deportation ein Sams-tag war.

»Weil es in dem großen Garten eine Bäckerei gab«, sagte Pici, »und zu der Zeit haben sie das Csólent aus dem Brennofen geholt. Ich erinnere mich noch an unseren Tontopf. Wir hatten keine Gelegenheit mehr, unseren gut durchgegarten Csólent am Küchentisch zu essen, denn die Transporte wurden bereits in Gang gesetzt. So mussten wir uns mit den armseligen Bündeln, die

---

[1] Die Menschen aus dem Ghetto wurden in sechs Transporten zwischen dem 19. Mai und dem 1. Juni 1944 in das Vernichtungslager Auschwitz deportiert.

unsere Habseligkeiten enthielten, und dem noch warmen (dampfenden) Tontopf an den Straßenrand stellen, um auf unseren Abmarsch zu warten. In unnötiger Eile verzehrten wir unser Essen, aber dann mussten wir ab Mittag noch viele Stunden warten, denn es konnten nicht vier-, fünftausend Menschen gleichzeitig starten.

Sobald wir auf der Straße standen, sammelten ein Pfeilkreuzler und ein Polizist die Jungen ein, unter ihnen auch meinen Bruder. Wir waren erschrocken. Wohin brachten sie ihn? Die ganze Zeit hielten wir einander an den Händen, um uns in der Masse nicht zu verlieren. Uns wurde gesagt, dass sie die Jungen zum Zug bringen würden, damit sie den Alten und Kindern beim Einsteigen und mit dem Gepäck helfen könnten, und dass wir sie dort wieder treffen würden. Diese Auskunft beruhigte uns kein bißchen, insbesondere Mutter nicht. Bevor wir losmarschierten, mussten wir in ein Büro. Leibesvisitation wurde an uns durchgeführt. Alle Papiere wurden uns abgenommen. Wir hatten keine Namen, wir gehörten nirgendwohin. Die Eheringe waren bereits abgenommen worden. Ich spekulierte dabei, dass die Ungarn dachten, es sei besser, diese Dinge verblieben bei ihnen als bei den Deutschen. Ich freute mich, dass meine kleine Uhr keinen anderen Besitzer finden würde. Sie war am richtigen Platz, im Klosett, in das ich sie mit schwerem Herzen geworfen hatte.

Nun kommt wieder so eine Zeit *ohne Bild und Klang*. Ich erinnere mich nicht, auf welchem Weg wir zu den Waggons gebracht wurden. Ich weiß nicht, wie wir eingestiegen sind. Bestimmt war es nicht am Bahnhof, sondern außerhalb der Stadt. Béluska haben wir nicht gefunden. Es wurde uns gesagt, er sei schon oben, in einem der verriegelten Waggons. Es war eine schreckliche Situation für uns, dass die Familie nicht mehr zusammen war.«

»Deine älteste Schwester lebte nicht mehr zu Hause«, sagte ich. »Wusstet ihr etwas über sie?«

»Nein«, sagte Pici, »über meine große Schwester Luluka, ihre Tochter Zsuzsika und ihren Mann Béla wussten wir nichts.

Nun erzähle ich dir, wie es ist, drei Tage in einem Viehwaggon zu verbringen, in dem siebzig Menschen eingeschlossen sind, Männer, Frauen, Kinder und Babys. Juni-Schwüle. Ohne Wasser. Ohne Luft. Ein Eimer mit Trinkwasser, der zweite Eimer diente als Toilette. Wir fuhren ins Ungewisse. Damit habe ich das Wesentliche gesagt. Zum Liegen gab es keinen Platz. Zum Ausstrecken auch nicht. Wir krochen an unser Gepäck. Wir dösten weg. Tagelang machte der Zug Halt. Einander ablösend klammerten wir uns an das Fenster, das mit Stacheldraht verriegelt war. Dort schnappten wir nach ein wenig Luft und betrachteten das uns unbekannte Nichts.

Während der Zug lange Stunden ruhte, spazierten daneben Gendarmen. Wir alle machten uns Sorgen um Béluska. Icu rief dem Gendarmen aus dem Fenster zu. Sie flehte ihn an, uns zu sagen, ob unser Bruder im Zug sei, ob er von jemandem Essen bekomme. Der Gendarm kam zurück und sagte, Béluska sei im zweiten Waggon, es gehe ihm gut, und dass er zu Essen bekomme. Wir wussten nicht, ob er die Wahrheit sagte oder nicht. Wir waren nicht beruhigt. Manchmal machten sie die Tür bei diesem und jenem Halt auf, wenn es einen Brunnen gab. Zwei Männern wurde dann erlaubt, auszusteigen, Wasser in einem Kübel zu holen und den Toiletteneimer zu leeren. Wenn es Tote gab, mussten sie bis zum Ziel mitgenommen werden. Ich weiß nicht, was wir drei Tage lang aßen. Ich erinnere mich, dass wir sagten, wir essen lieber nicht, um keinen Durst zu bekommen.

Vater saß auf einem Gepäckstück. Auf seinem Knie das große, ledergebundene Buch. Das weiße Hemd mit schmalen hellblauen Linien haftete an seinem Rücken. Auf seinem Kopf die Kippa. In dieser ganzen Zeit kann ich mich nur an einen Satz erinnern, den mein Vater sagte: Dass der junge Zionist Ernő Recht hatte, als dieser, bevor er nach Palästina auswanderte, sagte: ›Die Juden werden noch weggehen wollen, aber es wird nicht mehr möglich sein.‹ – Um verständlich zu machen, was mein Vater damit meinte, muss ich ins Jahr 1935 zurückspringen.«

Ich fragte Pici, ob der besagte Ernő derjenige sei, den ich kannte, der in Kidron wohnte.

»Ja«, sagte Pici, »er war der Bruder von Erzsike. Es bezieht sich auf ihn, was mein Vater in dem Viehwaggon sagte. Ich will jetzt nicht die Geschichte in voller Länge erzählen. Ich versuche es kurz zu machen. Pepi, die Schwester meiner Mutter, heiratete einen Mann namens Henrich aus Tasnád. Dort führten sie einen erfolgreichen Laden. Alles war gut. Das Ehepaar bekam zwei Söhne und eine Tochter, Erzsike. Eines Tages fuhr Henrich mit dem Pferdewagen zum Markt nach Carei. Er erledigte alles, was er sich vorgenommen hatte, aber das damalige Sammeltaxi hatte nicht auf ihn gewartet. Und so machte er sich zu Fuß auf den Weg nach Tasnád. Die Schuhe scheuerten an seinen Füßen. Er starb mit 34 Jahren an einer Blutvergiftung, da war Erzsike zwei Jahre alt. Sein Tod hatte schlimme Folgen für die ganze Familie. Die zwanzigjährige Pepi kannte sich mit dem Geschäft nicht aus und war schnell pleite. Als Erzsike größer wurde, nahm Teri, die andere Schwester meiner Mutter, sie bei sich auf. Damals wohnte sie noch in Sziget mit ihrem Mann Samu. Als Teri und Samu nach Carei zogen, zog Erzsike zu unserer Großmutter und lebte fortan unter der *Herrschaft* ihrer Tante Lilike. Erzsike ging dort zur Schule. Sie hatte nie einen glücklichen Tag, und ich, als Kind, bemitleidete und liebte sie. Erzsikes Bruder, Ernő, der die Grundschule in Tasnád absolviert hatte – er war ein kluger, intelligenter Junge –, wurde zu uns nach Carei gebracht. Er wurde als Händlerlehrling in dem Modegeschäft von Frank und Noé eingestellt. Ernő war vielleicht dreizehn, vierzehn Jahre alt zu dieser Zeit. Als die drei Jahre Ausbildung im Modegeschäft vorbei waren, behielten sie ihn nicht als Gehilfen, denn dann hätten sie ihm Lohn bezahlen müssen. Aber was sollte er nun als siebzehnjährige Halbwaise anfangen? Ernő ging als Arbeiter in die Papierfabrik. Er war ein dünner, sehr großer Bursche. Wir lebten zusammen wie Geschwister. Und alle fanden in nur zwei Zimmern Platz. In einem Zimmer gab es normale Schlafzimmermöbel, zwei Betten für meine Eltern und eine ziemlich große Chaiselongue für Béluska. Es gab ein Nachtkästchen, zwei große Kleiderschränke, einen kleinen, runden Tisch, zwei Armsessel. In dem anderen Zimmer gab es ebenfalls zwei Betten. Auf dem einem schliefen Luluka und Anci, auf dem anderen Icu und ich. Es gab zwei große Kleiderschränke und einen Tisch mit Stühlen und einen Diwan. Hier schlief Ernő. Der Diwan musste jede Nacht ins Vorzimmer getragen werden, denn ein pubertärer Junge durfte nicht mit vier Mädchen im selben Zimmer schlafen. Wir bedauerten, dass er im Winter zum Schlafen in das kalte Vorzimmer musste, aber es gab keine andere Lösung. Morgens musste er früh aufstehen. Die Fabrik war weit weg. Abends packte ihm Mutter das Frühstück ein und das Mittagessen, das sie vorgekocht hatte. In der Fabrik konnte er es sich in einem Ofen warm machen. In dieser Zeit wurde Ernő Mitglied der *Noar Hazioni*. Es kamen viele Sprecher aus Cluj. Er las viel. Junge Männer wie er hatten damals die Grausamkeiten der kommenden Jahre klarer vor Augen als die Älteren. Ernős Plan war, ein wenig Geld zu sparen und ein neues Leben in Palästina anzufangen. Dies waren keine unerreichbaren Träume, nein, die Möglichkeiten waren gegeben. Das *Joint Distribution Committee* hatte ein großes Gebiet in Szászregen erworben, wo die jungen Menschen eine landwirtschaftliche Ausbildung bekamen. Die in Siebenbürgen lebenden Mädchen und Jungen erhielten nach einiger Zeit – ich kann mich nicht mehr daran erinnern, nach wie viel Zeit – ein *Affidavit*, das war die Erlaubnis, auszuwandern. Der Haken daran war, dass ein Paar mit so einer Erlaubnis nur auswandern konnte, wenn es eine standesamtliche Hochzeit nachweisen konnte.

In der gemeinsam verbrachten Zeit entwickelte sich zwischen meiner Schwester Icu und Ernő eine Liebe. Sie wechselten Briefe. Ernős Briefe und Postkarten bewahrte Icu in einem Holzkästchen auf, das ein Kunsttischler angefertigt hatte. Das war ihre Schatzkiste. Sobald ich in der Pubertät war, zeigte meine Schwester mir den Inhalt ihrer Kiste. Wir standen einander sehr nahe.

Ernő hatte einige Monate Landwirtschaft und Weinbau gelernt. Ich weiß, dass er am 18. August 1935, noch bevor er mit seiner Lehre fertig war, zur Hochzeit meiner großen Schwester Lolika nach Hause kam. Ich war damals bereits elf Jahre alt, ich kann mich an alles gut erinnern. Ernő führte ein ernsthaftes Gespräch mit meinem Vater. Er bat meinen Vater um Unterstützung und Icu mit ihm standesamtlich zu verheiraten. Sie würden dann gemeinsam nach Palästina gehen und dort den Chupa, die jüdische Hochzeit halten. Vater stimmte nicht zu. Er wollte nicht, dass die Familie zerrissen würde, dass seine Tochter ins Ungewisse ginge. Außerdem – obwohl die jüdische Sitte es nicht verbietet – erachtete Vater es nicht als angemessen, dass sich nahe Verwandte heirateten. Da sagte Ernő zu meinem Vater: ›Lieber Herr Herman, Sie werden es bereuen. Sie werden noch nach Palästina auswandern wollen, aber es wird dann zu spät sein, Sie werden nicht mehr kommen können!‹

Neun Jahre später in dem Viehwaggon erinnerte sich mein Vater also an Ernős Worte. Wir waren schon in dem Waggon, kamen der *Endlösung* näher, aber wir wussten noch nicht, was auf uns zukommen würde.

Wir saßen noch auf unserem Gepäck oder standen. Am ersten Tag, wenn jemand den Eimer benutzen wollte, um zu urinieren, hielten zwei Menschen ein Laken davor, sodass die Männer es nicht sahen. Oder wenn die Männer mussten, dann hielten sie das Laken so, dass die Frauen es nicht sahen. Aber weißt du, wie schnell sich der Lack der Menschen als Kulturmensch abnutzt? Die ganze Situation war unbegreiflich. Wen interessierte schon noch, ob jemand den Eimer benutzte?! Uns wurden die Möglichkeit und das Recht genommen, als Menschen zu leben.

Jetzt erzähle ich etwas über meine Schicksalsgenossen. In dem Waggon gab es nur drei uns bekannte Personen: die sehr alte Frau Ferenczi und ihre zwei alten Töchter. Frau Ferenczi war äußerst klein, vielleicht wog sie fünfundzwanzig Kilo. Die Töchter bereiteten für die Mutter auf einem Bündel einen Schlafplatz. Die alte Frau schrie und jammerte ständig, sobald sie bewegt wurde. Wir dachten erst, dass sie psychisch krank sei. Die Töchter erzählten uns dann, dass die alte Frau eine Knochenkrankheit habe und bewegungslos liegen müsse. Bis dahin hatte ich nichts von dieser Krankheit gehört. Nicht viel später, im Februar oder März 1945 in Rechlin traten die Symptome von Frau Ferenczi auch bei mir auf. Nachts biss ich meine Hand blutig, um nicht zu schreien und den Schlaf meiner Schicksalsgenossen nicht zu stören. Im März 1947 diagnostizierte Zsiga Weinberger, der Chefarzt der Orthopädie in dem jüdischen Krankenhaus in Cluj ›Wirbelsäulentuberkulose, zweiter und dritter Lendenwirbel‹.«

Pici`s Mutter und Vater

Ich fragte Pici, ob sie vielleicht noch etwas über ihre Familie, über ihre Geschwister und Eltern erzählen könne.

»Über meinen Vater habe ich schon vieles erzählt«, sagte Pici. »Ich habe ihn nicht nur geliebt, sondern auch sehr geschätzt. Nie sagte er ein schlechtes Wort über jemanden, außer einmal, als er über Lilike sagte: ›Diese Böse.‹ Meine Mutter rief meinem Vater zu, es sei ihre Schwester, er solle nichts Schlechtes über sie sagen, obgleich Mutter wusste, dass Vater Recht hatte.

Als Großmutter starb, schlug Vater Lilike vor, sie und Mutter sollten auf ihr Erbe verzichten, und alles sollte den zwei verwitweten Schwestern und den Halbwaisen zukommen, denn Lilike und wir seien nicht darauf angewiesen. Darauf sagte Lilike, sie wolle auf gar nichts verzichten, sie könnten ja verzichten, aber das gehe sie nichts an. Deswegen sagte Vater einmal in seinem Leben, dass Lilike böse sei.«

Ich fragte Pici nach ihren damaligen Nachbarn, vor der Deportation.

»Mit dem Wissen von heute denke ich, dass unsere freundschaftliche Beziehung zu unseren sehr gläubigen, katholischen Nachbarn eine Seltenheit war«, sagte Pici. »Unsere unmittelbare Nachbarfamilie war die Familie Récsey. Das Familienoberhaupt war Kantor in der großen katholischen Kirche. Die ganze Familie ging morgens zur Messe. Die zwei Nachbarstöchter hießen Ancsi und Mici – sie waren im selben Alter wie meine Schwestern Anci und Icu. Die Récsey-Töchter waren die besten Freundinnen meiner Schwestern, ja, Seelenverwandte. Ida, die älteste Tochter der Nachbarn, war in ein strenges Nonnenkloster gezogen. Nur der Mutter war es erlaubt, sie einmal im Jahr zu besuchen. Wir lebten mit unseren Nachbarn in gegenseitiger Achtung und beidseitigem Respekt. Herr Récsey sprach Vater darauf an, eine gemeinsame Bienenzucht aufzubauen, denn im Garten gab es Platz für die Bienenhäuser. Am Gartenende gab es Akazien, und der Garten war mit Luzernen übersät. Alle Voraussetzungen für eine Bienenzucht waren gegeben. Tatsächlich haben sie das gemeinsame Geschäft besiegelt. Damals war ich allerdings noch klein. Das Geschäft hörte auf, als Herr Récsey verstarb und die Familie wegzog. Die Freundschaft jedoch blieb bestehen. Als ich 1945 nach Carei zurückkam, besuchte mich Frau Récsey oft mit ihrer Tochter Mici. Vater lernte bei ihnen einen Priesterlehrer kennen, mit dem er gute Gespräche über Religionsphilosophie führte. Der Lehrer sagte, er habe viel von Herrn Meisels gelernt, und Vater sagte, er habe viel vom Lehrer gelernt. Wir hatten viele solche gläubigen katholischen Freunde, wie die Familie Kabelik, deren Familienoberhaupt Bilderrahmen anfertigte.

Oft stellte ich Fragen, für die ich Antworten von meinem Vater erwartete. Ich fragte, wieso es so sei, dass wir mit allen in einem gutem Verhältnis stünden, aber viele auf uns herab schauten und sich uns gegenüber feindlich verhielten. Vater sagte, wir seien alle Menschen, und niemand könne sich aussuchen, wo hinein er geboren werde. Es gebe gute und schlechte Christen. Es gebe gute und schlechte Juden. ›Was ist denn der Unterschied zwischen Juden und Christen?‹, fragte ich. ›Der Glaube ist Privatsache. Deswegen soll man Andersgläubige nicht als Feinde betrachten. Und diejenigen, die nüchtern denken, sehen den anderen Menschen nicht als Feind.‹ So mein Vater. Er sagte auch, dass all dies einfach und logisch sei, allerdings sei in der Praxis alles ein wenig komplizierter, denn das logische Denken werde von vielen äußeren Einflüssen getrübt.

Viele Male habe ich mir gedacht – auch heute noch –, was gewesen wäre, wenn mein Vater den Holocaust überlebt hätte. Wäre er weiterhin gläubig geblieben? Vielleicht ja. Es war gut, zu glauben! Schön wäre es, wenn ich etwas von meines Vaters Weisheit geerbt hätte. Vertrauensvoll wandte er sich allen zu, vielleicht, weil er selbst vertrauenswürdig war. Wenn Vater sein Wort gab oder seine Hand auf etwas gab, dann änderte er es niemals. Natürlich sind diese alten Verhaltensweisen, die damals eine Frage der Ehre waren, heute veraltet. Vielleicht lohnt es sich nicht einmal, darüber zu lachen.«

»Warum denn lachen?«, fragte ich.

»Ich verherrliche auf keinen Fall die alten Normen«, sagte Pici, »ich liebe das Moderne, die Neuerung. Ich mache mir nur Sorgen um die große Geschwindigkeit unserer Welt, die unser Denken verwirren könnte.«

»Erzähl nun etwas über deine Mutter«, sagte ich.

»Mutter war neunzehn als sie meinen Vater auf einer Hochzeit in Tasnád kennenlernte«, sagte Pici. »Mutter war sehr schön. Kurzum, es wurde eine Ehe, die sechsunddreißig Jahre bestanden hat. Während der Jahre habe ich Mutter sagen gehört, dass sie nie bereut habe, meinen Vater geheiratet zu haben. Er habe sie nie beleidigt. Für mich als Kind war es angenehm, solche Dinge zu hören. Als Mutter heiratete, wusste sie alles, was eine Hausfrau wissen sollte. Sie konnte sogar Kühe melken. Bei Großmutter gab es Kühe, denn bei einer Familie mit zehn Kindern brauchte man viel Milch.«

»Wo wohnten deine Eltern, als sie heirateten?«, fragte ich.

»Als meine Eltern heirateten, wohnten sie in Sziget«, sagte Pici. »Dort hatte mein Vater einen Laden mit einem Partner. Außerdem arbeitete er abends zu Hause. Zwischen 1900 und 1910 wurde das Landesvermessungsamt gegründet. Offensichtlich nicht nur in Sziget. Damals gehörte Sziget, Region Máramaros und ganz Siebenbürgen zu Österreich-Ungarn. Also vermaßen sie den Boden und bestimmten Landeigentümer. Diese Tätigkeit wurde durch das Bodenamt erledigt. Mein Vater zeichnete und berechnete das Gebiet, oft bis tief in die Nacht.

Vor meiner Geburt wohnte die kleine Schwester meines Vaters Herminke bei Mutter und Vater in Sziget. Herminke ging in Sziget auf das Gymnasium. Es gab keine Probleme mit ihr, sie war ein gutes Mädchen und eine ausgezeichnete Schülerin. Als die Großmutter – die Mutter meiner Mutter – in Carei erfahren hatte, dass die Schwester meines Vaters bei ihm wohnte, schickte sie die sechsjährige Lilike – die Schwester meiner Mutter – zu ihnen nach Sziget. Im Gegensatz zu Herminke war Lilike ein auffälliges Kind. Meine Mutter sollte sich noch oft den Kopf über Lilike zerbrechen. Mit Herminke hatte sie gar keine Probleme, aber wenn Lilike ankam, war zum Beispiel das Heft von Herminke zerrissen und beschmutzt. Wenn Mutter dies kritisierte, fing Lilike an, zu toben, während Herminke im Stillen weinte.«

Pici machte eine kurze Pause, trank ein wenig Wasser und sagte: »1911 wurde meine älteste Schwester Luluka geboren. Ich glaube, sie haben dann Lilike nach Carei gebracht. Da tobte sie, als sie kein Lob – wie Herminke in ihrer Schule in Sziget – in der Careier Schule bekam. Um des Friedens willen kaufte ihr Großvater ein Buch. Dass Lilike so verwöhnt wurde, hatte seinen Grund. Großmutter war fünfzig und Großvater rund sechzig Jahre alt, als sie Lilike bekamen. – 1915 kam meine zweite Schwester Anci zur Welt. 1914 hatte der Erste Weltkrieg begonnen. Bis jetzt weiß ich nicht, wie Vater es umgehen konnte, in den Krieg ziehen zu müssen. Er hatte keine Körperbehinderung und keine Krankheit. Vater war ein mittelgroßer, dünner, beweglicher Mann. Ich kann mich nur an ein einziges Mal erinnern, dass er mit Fieber im Bett lag. Der Arzt kam, denn Vater war sehr erkältet. Wir machten uns Sorgen, es könnte vielleicht eine Lungenentzündung sein.

Ich glaube, es war 1917 oder 1918, als meine Eltern befürchteten, das die Russen in Sziget einmarschieren könnten. Mutter wollte mit den zwei Kindern nach Carei flüchten, wo ihre Geschwister und Eltern lebten. Es ist interessant, in jeder Epoche der Geschichte zu beobachten, wie Zeiten und Besetzer immer wechseln, vor denen man Angst hatte und flüchten musste – wenn es möglich war. Mutter flüchtete mit Luluka und Anci nach Carei. Vater blieb einige Tage, um den Laden aufzulösen und kam dann nach. Meine Eltern mieteten eine Wohnung gegenüber dem Haus meiner Großeltern. Die Wohnung mieteten sie von einer Familie Májerhoffer, und meine dritte Schwester Icu wurde dort geboren. Mutter brauchte Fleiß, Ausdauer und Ordnungsliebe, um drei Kinder gut zu erziehen, und im Haus immer alles am rechten Platz zu haben. Vater ging liebevoll mit Mutter um. Auch nach 36 Jahren Ehe redete er sie mit *anyám drága*, ›liebe Mutter‹ oder ›liebe Gizike‹ an. Vater half Mutter, Wasser vom Brunnen zu holen. Es war keine leichte Arbeit. Das Wasser musste geholt werden, um waschen zu können, die Kinder zu baden und um zu kochen. Man benötigte viel Wasser. Und man benötigte viel Kraft, um das Wasser vom Brunnen heraufzuziehen. Ich hatte mit zwanzig Jahren noch Schwierigkeiten damit. Außerdem musste man Holz ins Haus bringen, um den Ofen im Haus zu heizen. Diese längst vergessenen Dinge hatte Vater auch dann noch gemacht, als die Kinder größer wurden und Mutter beim Putzen und Kochen helfen konnten. In der Küche kannte sich Vater nicht aus. Ich höre ihn immer noch sagen, als er nachmittags zu Hause war: ›Mädchen, kocht ihr einen guten Kaffee für mich?‹ Vater war der einzige in der Familie der Bohnenkaffee trank. Wir Kinder tranken Milchkaffee aus Malz. Mutter las gerne abends, wenn sie mit der täglichen Arbeit fertig war. Ihre Augen waren oft mit Tränen gefüllt. Aber sie benutzte die Brille nur zum Lesen. Die Brillen hatten damals dicke Gläser und waren schwer. Deswegen konnte sie die Brille nicht den ganzen Tag tragen. Mutters Augenarzt hieß Dr. Fekete aus Szatmár. In Carei eröffnete Dr. Sári Salomon etwas später eine Praxis. Die Augenärztin führte eine kleine Operation durch, denn Mutters Tränensäcke waren eitrig. Damals war ich ungefähr zehn Jahre alt.

Als ich schon Teenager war, saß ich immer noch auf dem Schoß meiner Mutter und meines Vaters. Ich war die verwöhnte Kleine, die nicht mit Präsenten, sondern mit Liebe reich beschenkt wurde. Mutter konnte aber auch streng sein, wenn es zu Auseinandersetzungen zwischen mir und meinen Schwestern kam. Dann versuchte Mutter, mit einem Holzlöffel Ordnung zwischen uns zu schaffen. Vater stand zwischen uns, um mich zu beschützen, und da bekam auch er ein wenig vom Holzlöffel zu spüren, woraus ein allgemeines Lachen wurde und Mutter sich wieder beruhigte. Wenn ich nun zurückdenke, weiß ich nicht, worüber ich mit meinen Schwestern gestritten haben könnte.

Jedenfalls konnte Mutter mit der großen Familie gut umgehen, sie war gut im Einteilen von Geld, sodass es immer reichte. Die Einnahmen durch den Holzschnitt waren für Mutter das Haushaltsgeld. Dies war nicht wenig. Von diesem Geld wurden die großen Herbst- und Frühjahrseinkäufe gemacht. Mutter ging zu Jakab, um für mich und Béluska Sommer- oder Winterkleidung zu kaufen. Oder Mantelstoff. Die größeren Töchter gingen mit Mutter, um für sich Kleider auszuwählen. Mutter sammelte für meine älteren Schwestern Kleidung und viele Frotteehandtücher. Und für Vater einen Anzug für die Herbstfeiertage. Aus Jakabs Laden schleppten der Gehilfe, Herr Bodon, und ein Lehrling die Pakete zu uns nach Hause. Solch ein Einkauf ereignete sich zweimal im Jahr. Béluska und ich standen aufgeregt um den Tisch und wunderten uns, was als nächstes aus dem Paket hervorkommen würde. Mutter kaufte immer auch Stoff für meine größte Schwester Luluka, auch wenn sie schon längst verheiratet war. Meine anderen zwei Schwestern Anci und Icu fragten Mutter, warum sie Lulu Stoff kaufe, sie sei ja verheiratet und werde mit allem versorgt. Ihr Mann solle ihr etwas kaufen! Mutter winkte ab und sagte: ›Ja, Lulu ist verheiratet, aber sie bleibt meine Tochter!‹ So war meine Mutter. Sie war eine sehr gute Mutter, fürsorglich, liebevoll und verzeihend. Ich würde gern so sein wie sie ...«

Luluka & Zsuzsika

Erzähl etwas über deine älteste Schwester Luluka«, sagte ich. »Loli, genannt Luluka, war eine sehr schöne, intelligente, feine Frau mit guten Manieren«, sagte Pici. »Sie kleidete sich geschmackvoll. Sie mochte das Lesen, liebte Gedichte. Endre Ady war ihr Lieblingsdichter. Es wurde gemunkelt, dass Luluka, als sie achtzehn war, romantische Gefühle für einen Jungen namens Pista Nidermann hatte, der Gedichte schrieb, die wöchentlich in dem Blatt *Szatmár und ihre Region* erschienen. Der große Bruder von Pista wurde Schauspieler, und zwar ein guter. Als das ungarische Theater in Szatmár gegründet wurde – ich denke es war 1951 –, spielte er dort und änderte seinen Namen in einen Ungarischen.

Eine Bank in Carei – wenn ich mich richtig erinnere die *Banca comercială*, die Kommerzbank –, hatte einen Direktor, zu dem wir ein gutes Verhältnis pflegten, der sehr nah bei uns wohnte und meine Schwester Loli als Beamtin engagieren wollte. Es wäre gut gewesen, nur dass man auch samstags hätte arbeiten müssen. Vater sagte: ›Wenigstens solange ich lebe, sollt ihr Juden bleiben.‹ Also hat Loli die Arbeit bei der Bank abgesagt und ging als Kassiererin bei Jakab arbeiten, wo sie blieb, bis sie heiratete. Meine große Schwester lebte liebevoll mit ihrem Mann, nach dem häuslichen Vorbild unserer Eltern. Sie lebten in der Stadt Baia Mare. Am 27. Februar 1940 wurde Zsuzsika geboren. 1944, Zsuzsika war vier Jahre alt, kam sie mit ihrer Mutter Lulu ins Ghetto von Baia Mare. Béla, der Mann meiner Schwester, leistete Arbeitsdienst in der Kaserne von Baia Mare. Von dort flüchtete er ins Ghetto, um mit seiner Familie zusammen zu sein. Die letzte Station meiner Schwester Luluka, ihrer Tochter Zsuzsika und ihrem Mann Béla war die Gaskammer in Auschwitz. Dieses Wissen und die Trauer um sie musste ich allein ertragen. Ich hatte niemanden, mit dem ich meinen Kummer hätte teilen können. Alle betrauerten ihre eigenen Familien.

Als ich 1945 nach Hause nach Carei kam, besuchte ich Baia Mare. Ich habe das Haus aufgesucht, in dem Luluka mit ihrer Familie gewohnt hatte. Ich ging zu dem Hausmeister-Ehepaar. Ich kannte sie. Die beiden waren kinderlos. Sie hatten Zsuzsika äußerst lieb gehabt. Die Frau des Hausmeisters sagte, dass sie meine Schwester 1944 gebeten hatte, ihre Tochter bei ihr zurückzulassen. Sie und ihr Mann würden gut auf sie aufpassen, und dass sie sie gesund zurück bekommen würde. Die Frau des Hausmeisters sagte zu Loli, sie solle ihre Tochter keiner langen, anstrengenden Reise aussetzen. Aber Lolika wollte sich nicht von ihrem Kind trennen.

Zsuzsika ging vor der Deportation zur Frau des Hausmeisters, in der Hand einen kleinen roten Koffer, und verabschiedete sich fröhlich von ihr mit den Worten: ›Wir reisen.‹

Ich betete Zsuzsika an. Jeden Monat kaufte ich ihr von meinem kleinen Einkommen Geschenke. Die erste kleine Goldkette bekam sie von mir und den kleinen roten Koffer, den sie auf ihre letzte Reise mit sich nahm. Als die Frau des Hausmeisters mir dies alles erzählte, dachte ich, ich kann dies alles nicht mehr ertragen. Aber es gab noch viele Dinge, die ich ertragen musste.«

Abbildung 7: Pici`s älteste Schwester Luluka, 23 Jahre alt (ca. 1934)

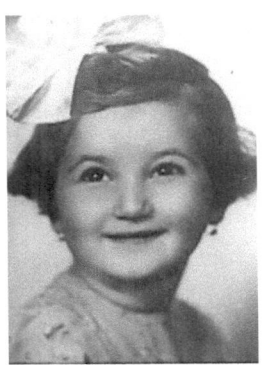

Abbildung 8: Zsuzsika, 3 Jahre alt.

Anci

Loli war die älteste und Anci deine zweitälteste Schwester«, sagte ich. »Erzähl etwas über Anci.«

»Anci war ein Hingucker: groß und stramm. Sie war fleißig und talentiert. Sie kannte sich mit allen Dingen aus. Nach dem Gymnasium machte sie eine Schneiderlehre in dem Garnai-Salon. Dort lernte auch Tubi, bei der ich später selbst nähen lernte. Tubi und Anci waren im gleichen Alter. Anci konnte die einfacheren Dinge selbst zu Hause nähen.

Wenn Vater nicht zu Hause war, bediente Anci seine Kunden. Wenn nach Feuerholz oder Brettern für die Tischler gefragt wurde, rechnete sie in wenigen Sekunden die Preise aus. Anci machte alles: große Wäsche, den Fußboden schrubben, Brot backen, kochen, Kranke pflegen. Anci erledigte alles präzise. Und sie fürchtete sich nicht davor, ihre Meinung zu sagen.

Anci mochte es, mich herumzukommandieren und mich für Hausarbeiten einzuteilen. Damit hatte sie aber selten Erfolg. Ich ging zur Schule und ich hatte meine Schülerinnen zur Nachhilfe. Sonntags hätte ich ein wenig aushelfen können, aber ich hatte keine großen Ambitionen. Ich las lieber oder zeichnete. Frech behauptete ich, dass die Hausarbeit nicht für mich geeignet sei. Dafür las Anci mir die Leviten, aber Mutter verteidigte mich immer.

Als Anci einmal für ein paar Tage nach Baia Mare fuhr, ordnete sie an, dass ich Mutter beim Brotbacken helfen und den großen Ziegelvorraum wischen sollte. Ich stand um fünf Uhr morgens auf, um zu arbeiten. Mutter stand auch auf, aber ich sagte zu ihr, sie solle sich zurück ins Bett legen. Ich ließ Mutter nichts tun, stimmte nur zu, dass sie mir zusehen und entscheiden konnte, ob der Teig gut und weich genug sei. Freitagnachmittags wischte ich auch den Fliesenboden des zwanzig Meter langen Vorraums. Es gab viele Kunden und Transporteure, die durch ihre Schuhe und Stiefel Dreck und Schlamm ins Haus trugen. Das Wischen war kein Kinderspiel, da das dafür benötigte Wasser vom Brunnen geholt werden musste.

Anci war mit einem aus Baia Mare stammenden, äußerlich nicht sehr attraktiven jüdischen Kerl namens Matyi Dávidovits zusammen. Er war intelligent, klug, humorvoll und nett. Matyi liebte Anci sehr. Es kam jedoch nicht in Frage, dass die beiden heirateten, solange beide eine unsichere Existenz hatten. Jeden Tag wurde Matyis Einberufung zur Zwangsarbeit erwartet. In der Ukraine sollten Felder von Minen befreit werden. Matyi umging die Einberufung und flüchtete mit falschen Papieren nach Budapest. Davor hatte er Anci und meine Eltern gebeten, dass seine große Liebe mit ihm kommen dürfe. Matyi sagte, er kenne Plätze, wo sie sich verstecken könnten. Natürlich wussten alle, dass es so etwas wie einen *sicheren Platz* nicht gab. Wir dachten, am Sichersten wäre es, wenn Anci in dem Nest der Familie bliebe, dann würde unser Schicksal wenigstens dasselbe sein.

Matyi überlebte den Zweiten Weltkrieg. Nach Kriegsende besuchte er meinen Mann und mich. 1946 machte er in Ungarn Geschäfte mit Salz, das dort Mangelware war, während es in Rumänien viele Salzbergwerke gab.

Matyi heiratete eine Frau, die nicht deportiert worden war, denn sie und ihre Familie wohnten in der Umgebung von Cluj. Sie konnten vor der Ghettoisierung nach Torda in Rumänien flüchten, wo das Leben für sie nicht leicht war, es aber immerhin keine Deportationen gab.

Einmal besuchte ich Matyi und seine Frau Pirike in Baia Mare. Seine Frau war sehr nett. Matyi meinte, er verstünde sich mit Pirike gut und sie warteten auf ein Baby, aber es gebe keine solche Frau wie Anci. Matyi zeigte mir daraufhin ein Foto meiner Schwester Anci, das er heimlich in seinem Geldbeutel aufbewahrte. Ich bat ihn, seine Frau mit seinen Gedanken an Anci nicht zu belasten. Für mich war dieser Besuch keine einfache Sache.

Das Kapitel über Anci kann ich noch nicht abschließen. Einige Monate waren Anci, Icu und ich – die Meisels-Mädchen, wie unsere KZ-Mitinsassinnen uns nannten – in Lagern zusammen. Ich bin aber zu schnell. Ich möchte noch ein paar Dinge sagen, bevor ich zur Station Auschwitz-Oszwiecim komme.«

Abbildung 9: Pici`s ältere Schwester Anci, 23 Jahre alt (ca. 1938)

Béluska

Vielleicht ist das die richtige Stelle, um über meinen Bruder Béluska zu reden, dem ich altersmäßig am nächsten stand. Uns trennten zwei Jahre und drei Monate«, sagte Pici. »Was dieser kleine Junge für meine Eltern bedeutete, kann ich nicht beschreiben. Als er klein war, raufte er sich gerne und ohrfeigte seine größeren Schwestern. Lulu war schon fünfzehn, als Béluska 1926 geboren wurde. Er hatte vor niemandem Angst, denn er wusste, dass ihn niemand zurückschlagen würde.

Eines Tages gab es einen Unfall. In der Küche wurde gekocht, der große Eisenofen war geheizt und mein kleiner Bruder machte sich auf den Weg dorthin. Niemand sah es. Mit zwei Händen fasste er auf den heißen Herd. Es war schrecklich. Ich kann mich nicht mehr an jedes Detail erinnern, aber ich sehe noch die beiden verbundenen Hände meines Bruders vor mir. Ich weiß nicht, wie lange es dauerte, bis seine Brandwunden verheilt waren, aber so lange er lebte sah man an seinen Handflächen die Narben der Brandwunden. Die verheilte Verletzung behinderte ihn jedoch nicht.

Damals, vor mehr als achtzig Jahren hatte Béluska einen Kinderwagen. Das gab es nur selten. Mich hatte Mutter noch in ihrem Schoß herumgeschleppt.

Mein Bruder war vielleicht drei Jahre alt, als mein Vater ihn ins Hajder, was wie ein Kindergarten war, brachte. Nachmittags ging er dorthin. Ich kann mich an den Rabbi erinnern. Der war ein sehr alter Mann mit schneeweißem Bart. Der Rabbi liebte die Kinder und die Kinder liebten den Alten. Im Hajder sangen die Kinder im Chor das hebräische Alphabet. Der Alte brachte ihnen bei, sich vor dem Essen die Hände zu waschen. Die Kinder spielten und hörten Geschichten. Sie haben während der drei Jahre im Hajder Jiddisch gelernt und einige Worte Hebräisch. Die Kinder saßen nie lange in der Lernstube. In den vielen Pausen spielten sie im Garten. Wenn die Kinder auf der Straße ein Klingeln hörten, wussten sie, dass es der Eismann war. Dann kaufte der Rabbi für sie Eis, das er den Kindern allerdings nicht in die Hände gab, damit sie nicht krank würden. Er kaufte Semmeln, schnitt sie auf und schmierte darauf das Eis.

So wild, wie er als kleiner Junge war, so ernst und vertrauenswürdig war er als großer Junge. Er liebte seine Eltern und Schwestern.

Als ich das Gymnasium besuchte und auf Französisch oder Latein laut vorlas, konnte mein Bruder nach nur einmaligem Zuhören alles nachsprechen.

Abbildung 10: Pici`s Bruder Béluska, 17 Jahre alt (ca. 1943)

Abbildung 11: Béluska, 17 Jahre alt

In Mai 1944 war er achtzehn Jahre alt und einen Meter fünfundsiebzig
groß. Er war dünn. Hatte schlichte braune Haare. Seine Augen, Mund und
Nase waren wie die meines Sohnes Ivan. Allerdings hatte er kein rundes Gesicht. Aber wer weiß, vielleicht, wenn er weiter gelebt hätte, hätte sein Gesicht sich noch verändert. Mein Bruder absolvierte die ersten sieben Klassen
in der rumänischen Schule. Für seine Bar Mizwa hat er seine erste lange Ho-
se bekommen. Als er vierzehn Jahre alt war, wussten wir nicht – insbesondere meine Eltern wussten es nicht – wie es für ihn weitergehen sollte. Wir
schrieben das Jahr 1940. Es gab nur eine Möglichkeit, ihm eine weitergehen-
de Schulbildung zu ermöglichen, nämlich ihn auf das jüdische Gymnasium in
Oradea zu schicken.

Dafür waren unsere finanziellen Möglichkeiten aber nicht ausreichend. Die
Einnahmen aus dem Geschäft meines Vaters deckten die Kosten, die unsere
Familie zu tragen hatte, nicht. So versuchten wir alle mit kleinen Verdiensten
zum Familieneinkommen mit beizutragen. Aber was sollte aus Béluska wer-

den? Vater hatte in den Jahren zuvor geplant, mit seinem Béluska eine Möbelfabrik namens ›H Meisels und Sohn Béla‹ zu gründen. Was aber in den 1930ern Jahren noch realistisch erschien, war in den 1940ern völlig unmöglich geworden. Vater hoffte, es würde vielleicht noch einmal eine normale Welt geben. Wenn der Krieg beendet wäre und die alten Pläne wieder realisierbar sein würden, dann wäre es das Sinnvollste, wenn Béluska Tischler lernen würde. Und so wurde er Tischlerlehrling bei Silimon. Wir alle waren traurig, dass er nicht weiter zur Schule gehen konnte. Der kluge Junge schleppte nun schwere Bretter. Einmal musste Béla der Ehefrau des Meisters einen Korb auf den Markt hinterhertragen. Das sah meine Mutter. Sie empörte sich darüber, da der Meister doch weitere drei Lehrlinge aus dem Dorf hatte, aber dies erhöhte wohl ihrer Vermutung nach den Rang des Handwerkers, dass der Meisel-Sohn diese Art von Diensten versah. Béluska erfuhr nie, dass Mutter ihn auf dem Markt gesehen hatte. Er machte, was ihm aufgetragen wurde und beschwerte sich nie. Mutter sorgte für seine gute Ernährung, damit er die schwere physische Arbeit bewältigen konnte. Nach einigen Monaten kam der Meister selber darauf, dass er dem Jungen höherwertige Arbeiten anvertrauen konnte. Er gab ihm zwanzigtausend Pengő und schickte ihn nach Debrecen zu einem großen Eisenhandel, um Schlösser, Ecken, Schmuckstiele und alles, was zu den Möbeln gehörte, einzukaufen. Béla war noch keine sechzehn Jahre alt und das ihm anvertraute Geld war eine bedeutende Summe. Er kaufte alles richtig ein und rechnete genau ab. Der Meister war sehr zufrieden mit ihm. Später ging der Meister anständig mit ihm um. Im Sommer ließ er ihn sechs Wochen lang anderweitig Geld verdienen: an der Dreschmaschine von Jakab und Jancsi Nemes. Die beiden beauftragten Béla, die Gewichte aufzuschreiben und zusammenzurechnen. Béla`s Lohn waren sechs Zentner Weizen, die den Brotbedarf eines ganzen Jahres für unsere Familie abdeckten.

Als 1944 bekannt wurde, dass die Juden in Arbeitslager deportiert werden würden, waren die drei Lehrlingsjahre von Béla noch nicht abgelaufen. Trotzdem ging der Meister vorzeitig zu der Industrie- und Handelskammer, damit Béla den Gehilfenbrief früher bekam. Hintergrund war der Gedanke, dass, wenn die Juden zur Zwangsarbeit müssten, Béluska es vielleicht leichter haben würde, wenn er den Gehilfenbrief dann hätte.

Das ist alles über meinen Bruder Béluska, der einer von den vielen tausenden jungen Männern war, die es verdient gehabt hätten, ein menschenwürdiges Leben zu leben.

Ungefähr Anfang der 1950er Jahre hatte ich das Glück, dass mein Mann Izsó in der Lage war, einem Neffen des Tischlers Silimon helfen zu können. Silimons Neffe war Hilfslehrer in Carei und mein Mann sorgte dafür, dass er seine Prüfungen an der Universität ablegen konnte, ohne dass er dort stets anwesend sein musste, und dass er die Stelle in Carei bekam.«

Nach kurzer Überlegung sagte Pici: »Wenn man bedenkt, wie viel Kummer, Krankheiten und Sorgen meine Eltern teilweise gehabt haben müssen, bis sie uns fünf Kinder groß gezogen hatten! Lulu hatte in ihrer Kindheit Probleme mit ihrer Schilddrüse. Ich weiß, dass sie einmal nach Rónaszék und einmal nach Buziás mitgenommen wurde, Orte, die der Arzt empfohlen hatte. Ich erinnere mich auch gut daran, dass sie jeden Abend zu den Reszlers hinüberging, wenn die Kuh gemolken wurde. Einen halben Liter warme schaumige Milch musste Luluka dann mit nach Hause bringen und vor Mutters Augen trinken, damit sie sicher sein konnte, dass sie die natürliche Medizin auch wirklich trank. Luluka erholte sich wieder vollkommen von ihrer Krankheit, aber gewiss hatte sie damit meinen Eltern viele Sorgen bereitet.

Anci hatte oft eitrige Mandeln. Als Folge mussten sie in Satu Mare entfernt werden. Später plagten sie oft schwere Bauchkrämpfe. Sie musste viel im Bett liegen und heiße Kompressen auf ihren Bauch legen. Wenn Anci Erdbeeren aß, erschienen rote Flecken auf ihrem Hals. Damals waren Allergien noch unbekannt.

Icuka hatte Scharlach.

Icuka und Lolika waren nie dick, sie erbten die schlanke Figur meines Vaters. Anci und ich hatten die Veranlagung, dick zu werden.

Als Icu siebzehn Jahre alt war, merkte Mutter, dass sie abnahm, obwohl sie ganz normal bei Tisch aß. Mutter ging mit Icu zu Dr. Deutsch. Es wurde jedoch nichts gefunden. Es stellte sich heraus, dass Icu sich zu dick fühlte und nach dem Essen alles erbrach. Es gab also auch damals, vor mehr als siebzig Jahren, Essstörungen, nicht nur in unserem hochmodernen Zeitalter. Meine gute Mutter begleitete Icu achtsam beim Essen, sodass sich ihr Bauch langsam wieder an seine normale Funktion gewöhnte.

Dann bekam ich Mandelentzündungen. Dann die Windpocken. Scharlach. Ruhr. Mit sechzehn die Masern. Gleichzeitig als die Ungarn einmarschierten, bekam ich eine gravierende Darmentzündung.

Nach den üblichen Kinderkrankheiten bekam Béluska mit zehn Jahren Scharlach.

Meine Eltern mussten sich mit jedem Kind quälen, bis die Kinder gesund waren. Alles mit großer Sorge und viel Geduld. Manchmal waren die Eltern selber krank, aber wir Kinder bekamen dies kaum mit.

Meine Eltern haben also fünf Kinder aufgezogen und dann stand meine Mutter in Auschwitz in der Menge allein. Ein paar Schritte daneben mein Vater. Und sie gingen in die Gaskammer allein, niemand hielt ihre Hände. Oft plagt mich dieser Gedanke …

Die Überlebenden bezahlen mit einer nie nachlassenden Tortur dafür, dass sie ihre am meisten Geliebten überlebt haben. Dieses Gefühl wird bleiben, solange ich lebe – oder solange, wie ich mit klarem Kopf denken und fühlen kann.

Die Judengesetze

1940 traten die Judengesetze in Kraft. Wir mussten nachweisen, dass wir keine Einwanderer waren. Egal, wie lange man in Ungarn lebte, ob man Steuern zahlte, ob man wählen konnte, nichts war von Bedeutung. Man musste nachweisen, dass man nicht aus Galizien kam und dass schon die Großeltern in Ungarn gelebt hatten.

Vaters älterer Bruder Samu Meisels, der 1940 schon nicht mehr lebte, war, als die Stadt Munkács zur Tschechoslowakei gehörte, ein höherer Staatsbeamter. Als Oberpostdirektor verantwortete er den Postverkehr für einen großen Teil des Landes. Sein Sohn Laci war Kardiologe im Krankenhaus von Munkács. Laci sagte, Vater müsse persönlich kommen und versuchen, bei der Steuerbehörde in Munkács herauszufinden, in welchen Jahren Großvater dort Steuerzahler gewesen war. Ich weiß nicht, wieviel Geld Vater auf diese Reise mit sich genommen hatte, aber er kam nach Hause mit einer herausgerissenen Originalseite aus dem Steuerbuch. Sie wies offiziell nach, dass Herman Hers Meisels (Vater bekam seinen Namen von diesem Großvater) bereits seit 1840 mit Holz handelte und Steuern im kaiserlichen Ungarn gezahlt hatte. Dies bereitete uns große Freude – egal, wieviel dieser Beweis gekostet haben mochte.

Diejenigen, die ihren rechtmäßigen Aufenthalt nicht nachweisen konnten, wurden in die Gegend um Kámenyeck Podolszk abgeschoben, ins Niemandsland zwischen dem ehemaligen Ungarn und Polen, wo die Menschen krank wurden oder vor Hunger starben unter dem freien Himmel. Dies ist keine erfundene Geschichte. So erging es Familie Blei aus Carei mit ihren acht Kindern. Sie waren sehr arm. Mit einem der Mädchen war ich in dieselbe Klasse gegangen. Sie kamen in Kámenyeck Podolszk alle um. Nur ein Junge blieb am Leben, weil er bereits im Arbeitsdienst in der Ukraine war.

Jetzt kommt das, wovor ich solange ausweichen wollte, wie nur möglich … Auschwitz.«

Auschwitz

Vielleicht war es der 5. Juni des Jahres 1944, den ich vor meinen Augen sehe«, sagte Pici. »Was an diesem Tag geschah, konnte keine Realität sein, es war ein Alptraum! An den langen Waggonreihen öffneten sich schlagend die Türen. Großer Lärm. Befehle wurden geschrien: *raus, weiter, schneller, los, los.* Mein Gehirn erfasste nicht, wie wir aus dem Waggon ausstiegen. Ich war irgendwie hinunter gelangt. Ich konnte nicht einmal für eine Sekunde meine Augen vor dem verdecken, was ich sah. Aus einem Waggon wurde ein steifes Baby hinausgeworfen. Es war wie eine Kautschuk-Puppe. Ein nackter Körper in der Luft. Ein Mann mit gestreiftem Kleid fing das Baby auf. Es waren bloß ein paar Sekunden. Man musste weiter gehen. Aber dieses Bild habe ich stets vor meinen Augen.

In der Menge sah ich Vaters Hut. Unweit von ihm sah ich Béluska mit einer Mütze auf seinem Kopf. Am Rand der Menge war Mutter mit ihrem Pelzmantel. Meine zwei Schwestern und mich trieben sie in eine Reihe. Wir mussten weiter. Ich schaute noch zurück. Mutter schaute über ihre linke Schulter zurück, ich erhaschte noch ihren letzten Blick, und wir gingen weiter.

Abbildung 12: Nicht arbeitsfähiges "Menschenmaterial", wie alte Menschen, Kinder, Schwangere, Behinderte wurden an der Rampe selektiert und auf den Weg in das Todeslager Auschwitz-Birkenau geschickt.
Foto ca. Mai/Juni 1944.
© Bundesarchiv, 183-74237-004.

Es waren strenge Fünfer-Reihen. Neben uns drei Schwestern standen Frau Brüll und ihre sechzehnjährige Tochter Incsi. Wir alle waren sehr durstig, verschwitzt. Wir hatten doppelte Mäntel an. Dreimal vierundzwanzig Stunden in einem Viehwaggon. Wir freuten uns darüber, endlich genügend Luft atmen zu können.

In meiner Hand trug ich unsere Milchkanne aus Aluminium und in der Tasche meines Mantels fand ich ein kleines, dickes Weinglas. In der Kanne war Pfirsichmarmelade. Ich weiß nicht, wie die Kanne in meiner Hand geblieben war, denn wir mussten alles in dem Waggon zurücklassen. Ich tunkte das Glas in die Marmelade und gab es weiter, damit alle daran lecken konnten. Wir waren ausgetrocknet. Von der Marmelade wurden wir jedoch noch durstiger.

Der Weg, auf dem wir gingen, war an beiden Seiten von Stacheldraht umgeben. Es stand geschrieben: ›Vorsicht Strom‹. Innerhalb des Zaunes gab es Bretterbaracken. Um den Zaun hüpften Frauen. Sie fragten, woher wir kommen würden. Sie sagten, wenn wir etwas bei uns hätten, sollten wir es ihnen zuwerfen, denn uns würde sowieso alles abgenommen. Und da dachte ich mit Anerkennung an die Deutschen, die diese kahlköpfigen Wahnsinnigen eingesperrt hatten! Kurz danach sahen auch meine Schwestern und ich so aus.

Wir gingen lange. Es dämmerte bereits. Wir wurden in ein großes, ebenerdiges Gebäude gebracht. Wir mussten uns ausziehen, die Kleider ordentlich hinlegen. Im Kreis herum gab es Bänke. Nur die Schuhe blieben in unseren Händen.

Weiter! Weiter!

Alle Haare wurden uns abgeschnitten. Eine Tünche wurde auf die abrasierten Stellen geschmiert. Es stank und stach. Die Schuhe mussten in die Tünche getaucht werden. Man musste in den nächsten großen Raum gehen, wo sich an der Decke viele Duschköpfe befanden. Noch kam nichts. Was würde kommen?

Wasser kam. Lauwarm, dann kalt. Nass und nackt zogen wir die Schuhe an. Wir mussten ins Freie. Es war schon dunkler Abend. Die SS-Soldaten umkreisten mit ihren Hunden dicht die Reihen. Ich geriet in Panik. Erkannte meine Schwestern in der Menge lauter nackter Frauen nicht. Endlich fanden wir einander. Wir erkannten uns an den gleichen Stiefeln.

In einem anderen Gebäude mussten wir in Reihe stehen. Natürlich bekamen wir nicht die Kleider, die wir ausgezogen hatten. Ich bekam ein kartonblaues Kleid, mit einem großen weißen Fleck. Sonst nichts. Die lange Reihe setzte sich in Bewegung. Es war schon Nacht, als wir zu dem beschilderten Platz, Lager C, Block 21, gingen.

In dem Block, glaube ich, mussten tausend Menschen Platz finden. Vielleicht etwas weniger als tausend. Die Blockälteste war Edit, eine slowakische Jüdin. Ihre Stellvertreterin hieß Lola, ebenfalls Slowakin. Gleich zu Beginn stellte sie unmissverständlich klar: ›Ihr habt nichts! Die Kleider, die ihr anhabt, gehören dem Deutschen Reich. Wenn ihr euch gut benehmt, bekommt ihr Wasser und Essen.‹

Auf einmal fragten Hunderte, wo ihre Familienangehörigen seien.

›Dort im Himmel, im Rauch.‹

Dichter Rauch war zu sehen. Das ganze Areal wurde von verbranntem Geruch überflutet. Aber wir glaubten nicht. Wollten nicht glauben!«

»Wie war es im Block?«, fragte ich.

»Der Block war eine große Bretterbaracke«, sagte Pici. »Jeweils vorne und hinten befand sich ein Tor. An jedem Tor saß eine Torwache, mit einem Knüppel in der Hand. Drinnen war der Block vollkommen leer, keine Pritsche, gar nichts. In der Mitte zog sich längs die Heizung aus Ziegeln durch. Vorne so eine Tür wie bei einem Brennofen. Offensichtlich brannte darin nie Feuer. Diese Steinheizung war heilig, es war nicht erlaubt, darauf zu sitzen oder sie anzufassen. Aber was konnte man tun? Wir waren sehr müde und wir hatten keinen Platz, um zu liegen. Wir setzten uns mit hoch gezogenen

Knien, alle zusammen. Weinen, Jammern, Schreien, hysterische Anfälle. Den jungen Müttern waren ihre Babys weggenommen worden. Die Milch stieg ihnen in ihr Hirn. Hier gab es alles. Massenhysterie. Kein Wunder, nach so viel erlebtem Schrecken im Verlauf von wenigen Stunden.

Die Blockälteste schrie, sie wollte Ruhe haben, denn sie konnte nicht schlafen. Die Blockälteste und ihre Stellvertreterin hatten für sich eine kleine Höhle eingezäunt. Dort hatten sie einen Liegeplatz und konnten etwas kochen. Sie hatten normale Kleider an und sie hatten Haare. Alle Blockältesten waren entweder Slowakinnen oder Polinnen. Bis zu einem gewissen Grad ging es ihnen besser als uns. Aber man sollte sie deswegen nicht beneiden. In der Slowakei hatten die Deportationen schon viel früher begonnen als in Ungarn. Als die Deutschen das Sudetenland besetzten, verschleppten sie die schönsten und attraktivsten Jüdinnen in Bordelle an der Front. Diejenigen, die dort zu Grunde gingen, kamen ins Krematorium. Diejenigen, die dies überstanden, bekamen zur Belohnung den Job der Blockältesten.

Das C-Lager war sehr lang. 15 Blocks waren auf beiden Seiten der Lagerstraße. Zwischen den Blocks gab es einen weiten leeren Raum. Dies war der Appellplatz. Außerdem gab es einen Toiletten-Block, einen Wasch-Block, einen Revier-Block und ganz am Ende die Küche.

Der Toiletten-Block sah so aus: In der Mitte des Blocks, über die gesamte Länge, ein Betonklotz, ungefähr achtzig Zentimeter breit, in Stuhlhöhe. Es gab zwei Reihen Löcher. Und es gab noch zwei schmalere Betonreihen, die nur eine Reihe Löcher hatten. Wenn ich mich richtig erinnere, konnten dreihundert Menschen gleichzeitig aufs Klo. Eine geschickte Erfindung, nicht wahr?

Wir konnten aber nicht zu jeder Zeit dorthin, nur wenn es uns erlaubt war. Auch den Waschraum durften wir nicht zu jeder Zeit betreten. Es gab nicht immer Wasser und er war nicht immer offen. Es gibt zahlreiche Wege, um die Menschen zu peinigen und zu erniedrigen.

Abbildung 13: Aborte für 50.000 Frauen des Frauenlagers von Auschwitz-Birkenau, Aufnahme vom 11.08.1955.
© Bundesarchiv, Bild183-32279-0023.

Das Wetter war ein sogenanntes *extrem kontinentales Wetter*. Wie in der Wüste. Tagsüber schien die Sonne so stark, dass meine Arme und Füße anschwollen. Um fünf Uhr in der Frühe mussten wir bereits draußen Reihestehen für den Appell. Wir froren. Die Aufseherin kam von acht bis neun Uhr, um uns zu zählen. Wenn die Zahl nicht stimmte, wenn jemand fehlte im Lager, dann mussten wir länger draußen stehen, oft bis zum Mittag. Die fehlende Person war aber in der Regel nicht etwa deshalb abwesend, weil ihr die Flucht gelungen war, sondern weil sie in der Nacht verstorben und ihr Tod noch nicht registriert worden war.

Im Lager wuchs kein Gras. Es gab keine Bäume. Keinen Vogel. Nicht einmal Würmer gab es im Sand.

Als mein Unterschenkel sich entzündete und anschwoll, ging ich ins Krankenrevier, um ihn bandagieren zu lassen, damit kein Sand an die Wunde gelangte. Im Block schliefen wir sitzend am Boden. Mein Unterschenkel wurde mit einer Krepppapier-Bandage umwickelt und mit Zwirnfaden verbunden. Als ich aus dem Revier kam, rutschte das Ganze bis zu meinem Fußgelenk hinunter. Jeder Tag war ein Alptraum.

Morgens wurden wir manchmal um vier Uhr geweckt. Wir mussten in Reihe stehen. Die Blockälteste zählte uns. Wenn die Anzahl der Frauen nicht stimmte, zählte sie erneut. ›Gerade stehen!‹, rief sie, denn sonst konnte sie die Reihen nicht unterscheiden. Wenn die Zahl stimmte, konnten wir zur deutschen Aufseherin oder zum Lagerführer. Sie zählten ebenfalls. Wenn es nicht stimmte, mussten wir weiter stehen. Wenn auch alles bei den anderen Blocks stimmte, bestimmten sie vierzig Frauen für die Küche, um den Kaffee zu holen. Dieser schweren Arbeit versuchten alle aus dem Weg zu gehen. Es gab kleinere Kübel, die jeweils ungefähr dreißig Liter fassten. Diese mussten von zwei Personen getragen werden. Und dann gab es die fünfzig Liter Kübel, die von vier Frauen gleichzeitig getragen wurden. Nicht einmal zehn Zentimeter hoch konnte ich so einen Kübel heben. Die Einteilung zu dieser Aufgabe geschah am Appellplatz. Aus den Blocks wurde das Geschirr herausgebracht. Schäbige und schmutzige große Töpfe und Tiegel. Alles in Fünferreihen. Eine Frau nahm ein Geschirr. Fünf Portionen wurden pro Geschirr bemessen. Zu fünft tranken wir nacheinander die lauwarme, schwarze, bittere Flüssigkeit. Duci Sarkadi – die beste Freundin meiner Schwester Lulu – war ein kränkliches, zerbrechliches Geschöpf. Schon nach wenigen Tagen bekam sie schmerzhafte Entzündungen im und am Mund, so dass sie weder essen noch schlucken konnte. Sie wurde selektiert, angeblich, um sie zu heilen. Sie kam ins Krematorium.

Die Essenvergabe spielte sich genauso beim Mittag- und Abendessen ab. Immer gab es Viehrüben-Suppe und ein Stück Rübe. Und es bedeutete eine Sensation, wenn ein Kartoffel-Würfel darin war. Ich glaube, sie kochten Perlgraupen mit, damit die Suppe nicht *bloß Wasser* war.

Stell dir vor, fünf Frauen tranken nacheinander aus einem großen Topf, jede beobachtete dabei die anderen, wieviel diese schluckten. Und all diese Erniedrigung wegen der ekelhaften Suppe, die weder warm noch kalt, manchmal ohne Salz, aber stets bitter war. Eine Woche lang aß ich nur die Brotration – die größtenteils aus Sägemehl bestand – mit der Margarine, die so groß war wie ein Stück Würfelzucker. Sonntags gab es dazu einen kleinen Löffel Marmelade.

Ich konnte die bittere Suppe nicht hinunter schlucken. Anci und Icu baten mich, sie flehten mich an, ich solle sie essen, denn wenn nicht, würde ich sehr schnell zu Grunde gehen; nicht nur physisch, sondern auch seelisch und geistig. Ich antwortete ihnen, dass man so nicht leben könne, wir sollten uns in den elektrischen Zaun stürzen. Die beiden waren entsetzt und fragten, wieso ich so etwas sagte. Ich sagte ihnen, dass ich dann allein ginge, woraufhin Anci fragte, was sie dann unserer Mutter sagen sollten. Wir wussten, Mutter lebte nicht mehr, aber wir konnten diese Tatsache nicht akzeptieren. Jeden Tag versuchten meine Schwestern erneut, mich zu überzeugen, ich solle die Suppe trinken. Ich zerbrach mir meinen Kopf darüber, warum die Suppe so bitter schmeckte. Es konnte nicht sein, dass die Futterrübe so schmeckte, dann würden nicht einmal die Kühe sie fressen. Ich kam nicht darauf, obwohl es auf der Hand lag, dass Beruhigungsmittel in das Essen getan worden waren. Sie versetzten unser Essen mit Brom. Vom Standpunkt der Deutschen her schien das sogar vernünftig, denn auf zu engem Raum, auf dem sich zwei-, dreitausend hungrige, gequälte Menschen zusammendrängten, wären sicherlich mindestens hundert Menschen dabei gewesen, die den Mut gehabt hätten, gegen die Aufseherinnen zu rebellieren. Obwohl sie einen Revolver und einen Gummiknüppel bei sich hatten, und es auch Wächter mit Maschinengewehren im Turm gab. Aber bevor sie realisiert hätten, was los war, hätten die Frauen die deutsche Aufseherin umbringen können. Und was wäre schon ein Schuss auf uns gegen all das, was uns noch passieren sollte. Aber nichts dergleichen passierte, weil alle mit Beruhigungsmitteln ruhiggestellt waren. Da ich eine Woche keine Suppe trank, war ich deutlich unruhiger als meine Schwestern. Aber ich sah den Zusammenhang nicht. Ich erklärte es mir so, dass meine Schwestern, von denen die eine sieben und die andere fast zehn Jahre älter als ich war, bedachter als ich waren.

Es gab die sogenannten *WC-Nachrichten*. Die Nachrichten stammten aus der Toilettenbaracke, deswegen hießen sie so. Wenn man aufs Klo konnte, saßen dort gleichzeitig immer zwei- bis dreihundert Frauen. Polnische Männer in gestreifter Häftlingskleidung kamen, um die Toiletten zu putzen. Sie brachten uns die Nachrichten. Sie arbeiteten auch dort, wo die Transporte eintrafen. Beim Leeren der Waggons fanden sie manchmal eine Zeitung. Sie erzählten, dass die Russen schon sehr nah seien und so weiter und so fort … Natürlich stimmte nichts dergleichen.

Ich muss noch hinzufügen, dass keine Frau ihre Menstruation bekam. Es hätte auch keine Möglichkeit gegeben, uns zu reinigen. Seit Anfang Juni 1944 war ich Lagerinsassin und seitdem blieb meine Menstruation aus. Am 3. Mai 1945 wurde ich befreit. Am 18. August 1945 kam ich nach Carei, schon war mein Leben wesentlich menschlicher. Erst im Januar, Februar und März 1946 blutete ich nochmal. Im März heiratete ich und wurde schwanger.

Ich muss noch über einige besondere Ereignisse berichten. Nachdem eine Aufseherin uns gezählt hatte, wurden wir manchmal bestraft. Der Grund wurde uns nicht gesagt. Wir mussten stundenlang auf den Knien ausharren, was sehr, sehr anstrengend war. Wenn eine die müden Füße zu bewegen versuchte, kam der deutsche Kapo mit seinem Gummistock und schrie: ›Verfluchter, verdammter Jude! Alte Kuh!‹ und dergleichen. Es hieß, die Kapos seien verurteilte Deutsche, die, anstatt in den Knast, hierher gebracht wurden, um für Ordnung im Judenlager zu sorgen. Ich weiß nicht, ob es wahr war. Interessanterweise schienen wir Dinge zu wissen, die uns niemand erzählt hatte. Als Folge des permanenten Kniens und Sitzens am Boden bekam ich eine chronische Blasenentzündung. Ich hatte Schmerzen und konnte den Urin nicht zurückhalten. Morgens schaffte ich es meistens bis zum WC. Nachts gab es hinten, ganz am Ende des Blocks Eimer für diesen Zweck. Sobald es Pritschen gab, schlief man zu viert neben einander auf dem Brett, bedeckt mit einer braunen Pferdedecke. Nachts mussten wir uns gemeinsam umdrehen. Es gab große Streitereien, denn wenn man sich bewegte, zog man unabsichtlich die Decke von einander herunter.

Meine beiden Schwestern und ich schliefen auf der oberen Pritsche. Wenn ich nachts aufs Klo musste – und ich musste oft –, hatte ich zu wenig Zeit, von oben nach unten zu kommen und es rechtzeitig bis zum Eimer zu schaffen. Ich pinkelte mich an. Dies geschah bereits oben auf der Pritsche oder unterwegs. Oft konnte ich das Pinkeln einfach nicht zurückhalten, und so floss es auf die untere Pritsche. Natürlich gab es Beschimpfungen und Schreie von dort unten. Wie ich mich gefühlt habe? Vor Kurzem war ich noch Mitglied einer angeblich zivilisierten Gesellschaft gewesen. Aber das war hier weit weg!

Als die ungarischen Transporte in Auschwitz ankamen, vegetierte ich an der Lagerstraße dahin. Ich sah ein ähnlich bemitleidenswertes Mädchen und ich fragte sie, woher sie komme. Sie antwortete ›Aus Kaposvár‹, und ich sagte, ich habe dort einen Bekannten namens Jancsi Simon. Das Mädchen meinte, sie kenne ihn. Sie erzählte, dass die Mutter von Jancsi in ihrem Block sei, unserem Block gegenüber. Aber ich suchte seine Mutter nicht auf, um sie kennenzulernen. Wozu?

Als ich am Tiefpunkt angelangt war, wollte ich mich in den elektrischen Zaun stürzen, denn es erschien mir unmöglich, so weiter zu leben.

Es fällt mir nicht leicht, dir all dies zu erzählen. Es ist so, als erlebe ich all das erneut. Ich sehe alles vor mir und erlebe es nochmal. Dennoch werde ich fortfahren, nun da ich schon angefangen habe.

Hinter dem Stacheldrahtzaun befand sich das tschechische Lager. Wenn wir draußen herumlungerten, konnten wir erkennen, dass die Familien dort noch zusammen waren, Junge und Alte in ihrer eigenen Kleidung. Und sie sahen auch gepflegter aus als wir.

Eines Tages sahen wir hinter dem Stacheldrahtzaun meine Cousine Erzsike. Die Freude war groß! Wir riefen laut hinüber, denn wir hofften, Informationen voneinander zu bekommen.

Erzsike hatte bis zuletzt gemeinsam mit ihrer Mutter in Tasnád, im Landkreis Szilágy, gelebt. Dann wurden sie ins Ghetto Szilágysmljó umgesiedelt, in die ehemalige Ziegelfabrik. Ihre Endstation war ebenfalls Auschwitz. Erzsikes Mutter Pepi wurde mit einundfünfzig Jahren vergast. Erzsike klärte uns auf, was es mit diesem tschechischen Lager auf sich hatte. Diese Juden wurden als Familien nach Theresienstadt gebracht, wo ein Musterlager für sie geschaffen wurde. Dort gab es sogar Läden, in denen man einkaufen konnte. Dies war ein Vorzeigelager, wo fast lebenswürdige Verhältnisse herrschten. Hier wurden die Leute vom Roten Kreuz hingeführt, um ihnen zu zeigen, wie die deutschen Konzentrationslager so seien. Aber schon im Sommer 1944 interessierte es die Deutschen nicht mehr, der Welt zu zeigen, wie human die deutschen Konzentrationslager seien. Theresienstadt wurde aufgelöst, und die Tschechen kamen ebenfalls nach Auschwitz, aber nicht für lange. Eines Nachts wurden sie evakuiert, denn weitere Transporte kamen und ihr Platz wurde benötigt.

Erzsike warf mir eine große und warme Unterhose über den Zaun. Diese heilte mich nicht, aber sie half mir, die Blasenentzündung zu ertragen. Erzsike wurde wenig später erneut deportiert. Sie arbeitete in einer Waffenfabrik und überlebte.

In der zweiten Nacht im Block 24 hockten wir eng beieinander, Bekannte und Fremde – es gab keinen Platz. Wir drei Schwestern hockten zusammen, neben uns Anuska Benedek und ihre Tochter Lili, die später Laci Weisz heiratete. Es war stockdunkel im Block, nur das Stöhnen, das Weinen von tausend Frauen war zu hören und ab und zu ein lautes ›Mein Gott!‹. Da hörte ich, dass ein Lastwagen stoppte. Soldatenstiefel marschierten. Deutsche Kommandos ertönten. Hundegebell. Ich sah im Dunkeln, wie sich die langen Schatten der Beine der SS-Soldaten inmitten der zusammengekauerten Menschenmenge bewegten. Manchmal beugten sich die Soldaten suchend hinunter. Ich wurde von meinen Schwestern mit ihren Körpern versteckt. Die Mutter von Lili legte ihre Füße über Lilis Kopf. Stöhnen. Jammern. Das sich entfernende Geräusch von Soldatenstiefeln. Hundegekläff. Der Lastwagen fuhr los. Ruhe. Wir waren froh, immer noch zusammen zu sein. Wir wurden von der SS nicht weggeschleppt. Wir hatten vermutet, dass sie die Jüngsten mitnehmen wollten. Deswegen hatten meine Schwestern mich versteckt, wie auch Lili von ihrer Mutter versteckt wurde. So versteckt, dass wir fast erstickten.

Morgens war ich neugierig, wer abgeholt worden war. Aber niemand wurde vermisst. War ich im Begriff den Verstand zu verlieren? Ich wollte nicht für verrückt gehalten werden. Hungrig und von Sorgen geplagt, fürchtete ich, allmählich wahnsinnig zu werden.

Irgendwann im Jahr 1945, in Rechlin, kurz vor meiner Befreiung, wurde mir klar, dass ich nicht wahnsinnig war. Das Ganze war eine einfache deutsche Foltermethode, um die Menschen seelisch und geistig zu zerstören. Die Deutschen spielten nachts eine Schallplatte mit diesen unheimlichen Geräuschen ab. Tausende Frauen erschraken davon so sehr, mehr als man sich vorstellen kann. Ihre geplagten Seelen hatten die simulierten, unheimlichen Geräusche mit Visionen ergänzt. Es wurde alles unternommen, damit wir nicht mehr klar denken konnten.

Ich vermute, es war im Juli 1944 als wir nach Birkenau gebracht wurden, um uns zu desinfizieren. Auf dem Weg gingen wir an einem Zaun entlang, der mit persischen Teppichen umwickelt war, sodass wir nicht sehen konnten, was sich dahinter verbarg. Später fand ich heraus, dass dort das Krematorium und die Gaskammer lagen – darum die Teppiche, die alles verdeckten.

Vor dem Desinfektionsgebäude befand sich ein großer Platz. Dort saßen auf dem Boden im Schneidersitz viele junge Männer. Sie warteten darauf, desinfiziert zu werden. Sie waren gerade aus Kreta angekommen, griechische Juden, die noch ihre schwarzen Haare hatten. Sie wollten wissen, wer wir seien, wer diese Menge zerlumpter, kahlköpfiger Frauen ist. Wir sagten: ›Jude, Hungaria.‹ Die Männer verstanden uns. Lange konnte dieser Informationsaustausch nicht gedauert haben. Wir wurden in ein Gebäude gebracht. Dieselbe Behandlung wie bei unserer Ankunft. Nur die Schneidemaschine blieb aus, denn wir hatten keine Haare mehr.

Die Kleider kamen zur Desinfektion, wir unter eine Dusche. Wir hatten Glück. Es kam Wasser und nicht Gas. Nackt und ernst standen wir wieder um Kleider an. Ich bekam ein abgenutztes, blaues Stück Leinen als Rock. Es war nicht zusammengenäht. Und eine schwarze Seidenbluse, deren Vorderteil stark zerrissen war. Das Leinenstück drehte ich um mich herum, aber es gab nichts, womit ich es hätte an mich binden können. Aus der zerrissenen Bluse schaute mein unbedeckter Oberkörper heraus. Der SS-Mann sagte, dass diejenigen, die sehr schlechte Kleider bekommen hätten, um andere bitten könnten. Kaum hatte ich jedoch meine *Bitte* geäußert, drehte er sich um und trat mir in das Hinterteil. Weil ich so klein bin, traf mich sein Stiefel auf meinem Wirbel. Ich habe oft gedacht, ob nicht dieser harte Tritt Auslöser für meine jahrelang währende Knochen-Tuberkolose gewesen ist. Vielleicht.

Viele Kleider, die aus der Desinfektion kamen, waren unbrauchbar. Vierzehn Frauen bekamen nur eine graue Pferdedecke. Auch Anuska Halasitz bekam so eine Decke. Es war grauenhaft. Es herrschte eine große Hitze im Juli. Die Decke stach. Der Körper schwitzte, es juckte. Die Frauen hatten sich blutig gekratzt. Sie taten mir leid. Ich tat mir selber leid. Meine Schwester Anci riss ein Stück Stoff aus ihrem Kleid. Damit band ich das Leinenstück um mich herum. Aus der Bluse standen meine Brüste heraus – es war egal.

Das Interessante ist, dass die Desinfektion den Stoff lumpig gemacht hatte, aber die Kleiderläuse überlebten diese Behandlung.

Dann standen wir in Reihen, gingen Richtung Lager C. Eine sich in die Länge ziehende, grauenhafte, zerlumpte Schar. Ich weiß nicht, wie lange wir marschierten. Der Himmel verdunkelte sich und ein prasselnder Regen begann. Die begleitenden SS-Soldaten und Aufseher zogen ihre Regenmäntel mit Kapuzen an. Wir, rund eintausend Frauen, marschierten praktisch nackt. Der Regen tropfte ohne Hindernis von meinem kahlen Kopf auf meinen ganzen Körper. Einige Frauen schleppten die schweren Decken mit sich. Wir stolperten über Schlamm und Tümpel. Ich denke, auf diesem schrecklichen Weg änderte sich etwas in mir. Ich schaute nach oben zu dem trostlosen, dunklen Himmel und ich sagte laut: ›Wo bist du, Gott?‹

Wir konnten es kaum erwarten, zurück in den Block unter das schützende Dach zu gelangen. Aber nein, es war nicht das Ende des Leidens. Der Block war völlig überschwemmt. Das Dach hatte dem Regen nicht standgehalten. Wir krochen zusammen wie die Schafe. Unsere Lumpen fingen von der Hitze der Körper an zu dampfen. Ich bekam zum Glück keine Lungenentzündung oder Erkältung.

Egal, wieviel ich darüber rede, ich kann das drückende, hoffnungslose, schon nahezu gefühllose, abgestumpfte Dasein nicht spürbar machen. Die ganze Zeit hatte ich keine Empfindung, ich fühlte nur den physischen Schmerz, schon am Anfang mit der Blasenentzündung. An meinen Füßen taten die von der Sonne verbrannten Blasen weh. Sie hatten sich infiziert und aus meinem Fuß floss Eiter. Ich ertrug tapfer den Schmerz.

Jetzt denke ich zum ersten Mal, dass es vielleicht allzu bizarr, allzu unglaublich erscheinen muss, was ich dir erzähle und vielleicht zweifelst du daran, dass ich die Wahrheit sage. Aber alles ist so wahr wie meine Liebe zu dir, wie ich wahrlich nur dir das Gute und das Glück wünsche.

Es lebte noch bis vor Kurzem die letzte Person, die einzig übrig gebliebene *Zeugin*, die meine Familie in Carei kannte und in deren Nähe ich in Auschwitz war: Lili Weisz aus Pardes Katz. Jedes Mal, wenn ich mit ihr telefonierte, hat sie ihr Gespräch so angefangen: ›Wie geht es dir, Bözsike? Kannst du dich erinnern, als in Auschwitz …?‹

Natürlich habe ich mich an alles erinnert. Danach sprachen wir über unsere Kinder und Enkel. Lili Weisz hatte bereits vierzehn Urenkel. Danach kamen die Gespräche über unsere gesundheitlichen Probleme.

Bevor ich dir erzähle, wie ich aus Auschwitz deportiert wurde, möchte ich noch eine Aufseherin namens Irma Grese erwähnen. Die junge Frau konnte erbarmungslos mit der Peitsche schlagen. Und es gab eine andere, hochrangige, die wir seltener zu sehen bekamen, sie hieß Drexler.

Als ich schon längst zu Hause war und der Nürnberger Prozess lief, habe ich alles gelesen, was darüber berichtete wurde. Auch über den Prozess mit Ilse Koch.

Eines Nachts im Jahr 1964 war ich allein zu Hause. Mein Sohn studierte bereits an der Universität in Cluj. Mein Mann war beruflich unterwegs. In dieser Nacht habe ich das Buch *Der Prozess* von Franz Kafka gelesen. Kein anderes Buch konnte so intensiv das Grauen von Auschwitz veranschaulichen, das Ringen des namenlosen Menschen in einer Situation, die er nicht begreift, und Schuld, die keinen Namen hat, und am Ende verteidigt man sich, ohne eine Ahnung zu haben, wogegen. Das Absurde daran war, dass Kafka 1944 schon zwanzig Jahre tot war. Für mich war dieses Buch eine geniale schriftstellerische Vision.

Die Frauen aus Lodz

Ich muss noch etwas über Auschwitz erzählen. Ich spüre, ich sollte über jeden Schrecken berichten, vielleicht kann ich mich auf diese Weise davon befreien.

Einmal, als ein neuer Transport eintraf, verhängten die Deutschen eine Ausgangssperre für Lager C, niemand durfte hinaus. Am nächsten Tag, als wir zum Appell ausgetrieben wurden (ich sage ausgetrieben, weil wir getrieben werden mussten, mit einem Stock, denn wir waren müde, schläfrig, hungrig, schwach), sahen wir, dass Frauen wie bewegliche Skelette in den Block kamen. Sie hatten seit Kriegsbeginn im berüchtigten Ghetto von Lodz gelebt.

Als in unserem Block die Rüben-Suppe verteilt wurde, wurden die leeren Kübel zur Seite gestellt, um in die Küche zurückgebracht zu werden. Diese armen Skelette von Frauen rannten dorthin, bückten sich zu den Kübeln und kratzten mit ihren Händen die Reste vom Boden zusammen. Sie hoben ihre Hemden hoch und legten da hinein, was sie zusammengekratzt hatten. Dies geschah in der Zeit, als ich von der Suppe noch nicht trinken wollte.

Der Block wurde eines Nachts liquidiert. Wir hörten nachts die Schreie und das Jammern, die Geräusche der Lastwagen. Morgens war der Block leer. Neue Transporte kamen.

Jetzt, da ich über die Frauen aus Lodz berichtet habe, möchte ich etwas sagen, was schon viele Jahre meine Seele bedrückt. Bisher habe ich mit niemandem darüber gesprochen. Vielleicht wird es für mich einfacher, wenn ich es ausspreche.

In Israel habe ich eine Artikelserie gelesen, dass in der amerikanischen Zone nach dem Krieg ein Kriegsverbrecher gefasst wurde, der eine führende Position in der Ghettoverwaltung von Lodz innegehabt hatte und auch in Auschwitz bei den Gaskammern und dem Krematorium eine führende Position inne gehabt hatte. In seine Zelle wurde ein anderer angeblicher Kriegsverbrecher verlegt, der in Wirklichkeit Journalist war. Er hatte diese Rolle übernommen, um Details über die Funktion der Gaskammern herauszufinden. Nachdem die beiden wochenlang zusammen in einer Zelle waren, traute sich der Journalist ein paar Fragen zu stellen, zum Beispiel, ob die Firma IG Farben ausschließlich Zyklon B-Gas nach Auschwitz geliefert habe. Es sei wohl auch vorgekommen, dass Lachgas geliefert wurde. Die SS-Offiziere betrachteten dann durch die Fenster, was geschah: die hüpfenden nackten Frauen oder Männer lachten und schrien, bekoteten und bepinkelten sich, bis sie schließlich starben. Die Offiziere hatten ihren Spaß gehabt, sie öffneten die Lüftung, und entfernten mit einem Schlauch den Schmutz und trennten die ineinander verschränkten Leichen. Sie brachen die Goldkronen aus ihren Mündern. Unter diesen Toten waren meine Mutter und mein Vater. Beide hatten in ihrem Mund Goldkronen. Meine große Schwester Lolika kam ebenfalls in die Gaskammer mit ihrer kleinen Tochter Zsuzsika. Mit diesem Alptraum muss ich leben, dies kann ich niemals vergessen.«

Zwangsarbeit in Nezweil (Walldorf)

Mitte August 1944 gab es in Auschwitz eine Selektion. Meine Schwestern und ich fürchteten uns stets vor den Selektionen. Wir dachten, es wäre zwar gut, von dort weg zu kommen, denn es konnte nichts Schlimmeres geben, aber wir hatten auch Angst davor, voneinander getrennt zu werden. Egal wie schrecklich es war, wenigstens waren wir drei zusammen.

Wir wurden alle drei selektiert und befanden uns unter 1.500 weiteren Frauen. Wir bekamen an einer Ausgabestelle andere Kleider. Ich bekam ein gutes, braunes Düffelkleid. Anci und Icu bekamen auch ziemlich gute Kleider. Beim Kleiderwechsel stellten wir fest, dass wir in den zweieinhalb Monaten in Auschwitz viel abgenommen hatten, insbesondere Icu, die nie dick gewesen war. Anci und ich wollten ihr immer das größere Stück Brot geben, welches sie aber stets weinend zurückwies und sagte: ›Ihr seid genau so hungrig wie ich.‹

Dann bekamen wir ein Mittagessen, das ausgezeichnet schmeckte. Bohnensuppe und kleines, saures Kraut. Für den Transport gaben sie uns Brot und Margarine. An das Essen erinnere ich mich sehr gut, aber nicht daran, wo und wie wir in den Viehwaggon einstiegen und wohin wir fuhren.

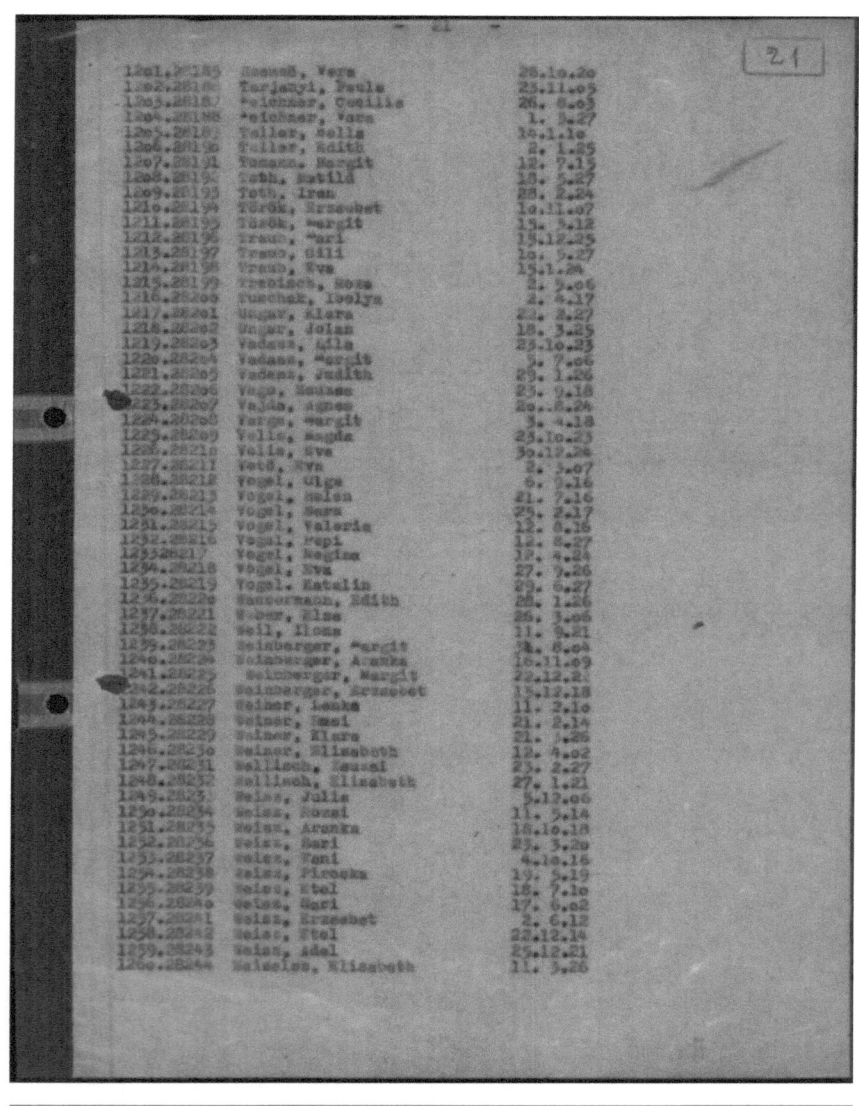

Abbildung 14: Mit der laufenden Nummer 1260 steht Elisabeth Meisels(s) als Letzte auf der Zugangsliste zum KZ Natzweiler

Wir fuhren lange. Der Zug hatte viele längere Stehzeiten. Wir hatten keine Ahnung, wie weit wir gekommen waren. Ungefähr nach zwei Tagen Fahrt stiegen wir aus, und zu Fuß wurden wir in eine Nebenstraße getrieben, an den Rand eines Dorfes, vor ein Gasthaus. Tische mit rot-weiß-karierten Tischdecken standen draußen, Menschen saßen daran und tranken Bier. Ich weiß nicht, was die über uns dachten, denn die SS-Aufseher scheuchten uns wie Tiere. Auf diesem Weg ging es mir gesundheitlich sehr schlecht. Anci und Icu nahmen mich in die Mitte, aber ich sagte, sie sollten mich hier lassen, ich könne nicht mehr gehen, sie sollten ohne mich weitergehen. Dies ließen sie nicht zu. Ich wurde von ihnen mitgezogen. Mit dem Wissen von heute denke ich, dass ich dehydriert war. Im Waggon hatten wir kein Wasser bekommen. Ich weiß nicht, wie wir zu dem anderen Waggon gelangten, wie ich auf den Waggon hinaufgezogen wurde. Ich weiß nicht, wie lange wir noch fuhren. Mir ist, als ob ich irgendwo Wasser getrunken habe. Ich weiß nicht, wie wir in Frankfurt am Main ankamen. Ich kann mich nicht einmal daran erinnern, wie wir ins Lager gelangten.

Am ersten Tag wurden grüne Postkarten an uns verteilt, damit wir schrieben, egal an wen, dass wir lebten, dass es uns gut ginge. Auf den Postkarten stand *Waldsee* gedruckt. Ich kannte mich ziemlich gut aus in Europas Geographie, aber diesen Namen hatte ich noch nie gehört. Also haben wir Grüße an Herrn Hajdu und seine Frau geschrieben – die jahrelang unsere guten Nachbarn in Carei gewesen waren. Als ich später nach Carei kam, stellte sich heraus, dass die Postkarte nicht angekommen war.

Ich weiß nicht, warum es mir so schwer fällt über das neue Lager zu berichten, denn es war nicht das schlimmste Lager, das kam erst danach. Dieses

Lager war viel besser als Auschwitz. Es hieß Nezweil. Es war zuvor ein Ausbildungslager der Hitlerjugend gewesen. Ein paar kleinere Blocks auf einer Lichtung. Pritschen für zwei Personen. In einem anderen Ziegelgebäude Waschbecken und Toiletten. Dies war sicherlich nicht für Häftlinge eingerichtet worden. Es gab nicht die grässliche große Menschenmenge. Das Lager war von einer Lichtung umgeben mit einem Föhrenwald. Die Luft war gut. Täglich gab es hundertfünfzig Gramm Brot, ein bisschen Margarine, Schwarzkaffee. Die Suppe war nicht bitter. Wir liefen bis zum Flughafen oder wurden mit Lastwagen dorthin gefahren. Die Arbeit war in einer Tankanlage. Wir mussten für das Betanken der Flugzeuge tiefe Gräben ausheben. Man kann sich vorstellen, was für eine Arbeit das war. Ich denke, die Alliierten kamen dorthin, bevor wir auch nur die erste Grube ausgegraben hatten, so langsam gingen unsere Arbeiten voran.

In Auschwitz ahnten wir nicht, was hinter dem Stacheldraht außerhalb des Lagers vor sich ging. Hier hörten wir nachts kräftige Bombardements. Jeden Morgen um elf Uhr kamen die Tommys. Wir konnten es kaum erwarten. Über uns wachten nicht mehr die SS-Soldaten, sondern Fünfzehnjährige der Hitlerjugend. Jungs mit Maschinengewehren. Wenn Flugzeuge zu hören waren, wurden wir unter eine Brücke getrieben. Einmal waren die Jungs so verängstigt, dass sie uns nicht unter die Brücke, sondern rennend bis zum Lager trieben – sie hatten dort einen Bunker. Damals hatten wir schon nicht mehr unsere guten Schnürstiefel von zu Hause. Ich trug unbequeme Stiefel mit Holzsohle. Beim Rennen bekam ich Herzstiche.

Manchmal passten auch Angehörige der Arbeitskompanie auf uns auf, ältere Männer von der sogenannten letzten Reserve. Einer von ihnen war sehr nett zu uns. Er schrie uns nicht an und ließ uns bummeln. Er sah, dass wir gequälte, hungrige, schwache Frauen waren. Eines Tages kam dieser Mann mit einem Trauerband an seinem Arm und sagte: ›Alles kaputt.‹ In der Nacht war Mainz bombardiert worden. Nun hatte er Heim und Frau verloren. Sein Sohn war in Russland gefallen. Dieser Mann war ein anständiger Mensch. Einmal schenkte der Mann Icu zwei dicke Scheiben Brot mit Fett, eingewickelt in weißes Papier. Wir hätten gerne seine Hände geküsst. Wir wollten, dass Icu das Brot des Mannes alleine aß, was sie aber nicht wollte. Wir teilten es uns zu dritt. Zu dieser Zeit waren wir nicht *hungrig*, sondern *ausgehungert*. Auch in diesem Lager haben wir Schwestern gut zusammen gehalten. Aber wir konnten einander nicht retten.

Dort, wo wir den Boden ausgraben mussten, gab es eine große Fläche mit Gras. Zwischen dem Gras wuchsen Pilze. Unter uns waren einige aus Mármaros, die sich mit Pilzen auskannten. Sie sagten, sie seien essbar, also aßen wir sie. Aber der raue, wilde Saft verursachte auf den leeren Bauch so einen Brechreiz, dass ich keine Pilze mehr aß.

Es war Sommer. Samstags wurde vor dem Waschraum ein Kessel aufgestellt, in dem man Wasser warm machen konnte, um die Kleidung und sich selbst waschen zu können. Das war eine große Sache – sich mit warmem Wasser waschen zu können! Jede besaß nur ein einziges Kleid. Zum Waschen zogen Icu und ich unsere Kleider aus, Anci wusch sie und legte sie dann in die Sonne. Solange die Kleider trockneten, legten wir uns unter Decken. Danach wusch ich Ancis Kleid. Übrigens alles ohne Seife, versteht sich.

Wir wurden auch zu anderen Arbeiten eingesetzt. Zur Waldrodung. Um Straßen zu bauen; dort mussten wir die Bäume roden. Wir wurden mit einem offenen Lkw dorthin gebracht und sie sagten: ›hundert Stück Waldarbeit.‹

Der Wald war wunderschön. Einige Bäume waren bereits gefällt. Es gab eine Holzbaracke, an der mit großen Buchstaben ›Jean Bratengeier‹ stand. Aus der Baracke kam der Arbeitsleiter heraus. ›Vorarbeiter‹, schrie er. In seiner Hand hielt er eine Hacke, mit der er von den Baustämmen die Äste abstreifte und sehr geschickt aus den Ästen Stäbe machte, die wir unter den Stamm rollten. Zu zweit mussten wir die Stämme aufheben. Ein Baumstamm war rund fünfzehn Meter lang und wir mussten diesen anheben und an einen anderen Platz bringen. So lautete der Befehl.«

Plötzlich lachte Pici auf. Ich erkundigte mich nach dem Grund.

»Ich sehe diesen wütenden Mann mit der Hacke vor mir, denn wir konnten den Stamm nicht bewegen. Ich sehe das Lächerliche daran, aber eigentlich war es eine Tragödie. Ich denke, es war bereits Oktober. Ein Eisregen kam. Wir schlüpften zusammen unter einen großen Baum. Wir waren nass und uns war kalt. Wir warteten auf den Lkw, der uns zum Lager brachte.

Einmal, als das Wetter noch sommerlich war, brachten sie so fünfzig von uns in den Wald. Die Aufseherin saß neben dem Fahrer. Wir saßen auf dem offenen Lkw. Die Fahrt war herrlich. Über unseren Köpfen stießen die Baumkronen aneinander. Ich sagte meinen Schwestern, wie schön wäre es, hier frei spazierengehen zu können. Im Wald machte der Wagen Halt. Wir stiegen aus. Der Grund für die Fahrt war, dass die Aufseherin mit dem SS-Fahrer sexuell verkehren wollte. Dies taten sie hinter einem Busch, in unmissverständlicher Pose, vor uns fünfzig Frauen. Da sagte ich zu meinen Schwestern: ›Diese Leute betrachten uns nicht als Menschen.‹ Mich interessierte nicht, *was* sie taten, nur, dass sie uns nicht als Menschen betrachteten.

Es gab auch solche Arbeit, bei der wir Zementsäcke aus Waggons entladen mussten. Zu zweit mussten wir einen Sack auf die Schulter nehmen.

Unsere Knie wurden weich. Wir fielen um, der Sack riss. Wir gaben uns Mühe, die Spuren zu verwischen. Es war bereits Spätherbst und wir froren in unseren Kleidern. Die Papiersäcke zerrissen wir und das Papier wickelten wir unter unsere Kleider. Das hielt uns etwas warm. Aber der Zementsack juckte und meine Haut war voll mit kleinen Pickeln oder Ausschlag.

Die tägliche Kost brachte kaum Kalorien. Die Nahrungsmittelvorräte erschöpften sich rasant.

Von dem, was außerhalb des Lagers geschah und wie es um den Krieg stand, erfuhren wir nichts. Die Tage vergingen, und wir glaubten nicht mehr, dass dies jemals ein Ende nehmen würde.

Éva, Anna und Elza hielten sich im Frankfurter Lager physisch ganz gut, denn Éva arbeitete in der Küche und konnte dort alles essen, was es gab. Für ihre Schwägerinnen konnte sie in Schale gekochte oder rohe Kartoffeln stehlen. Dies waren große Schätze. Sie bedeuteten Leben. Diejenigen, die Durchfall hatten, haben ihre Brotration gegen eine ungekochte Kartoffel getauscht, weil sie glaubten, dass diese den Durchfall beende. Wir wussten, diejenigen, die Durchfall hatten, waren am Ende. Diese Angst saß so tief in meinem Bewusstsein, dass ich auch noch nach der Befreiung in Panik geriet, wenn mein kleiner Sohn Ivánka oder später einer meiner Enkel auch nur ein wenig Durchfall hatten. Ich fiel so in Panik, auch wenn meine Vernunft mir sagte, dass die Lagerzeit vorbei sei und es genug Ärzte und Medikamente gab.

Die ganze Lagerzeit hatte ich keinen Durchfall. Ich ging trotz des Hungers nie auf den Küchen-Misthaufen, um nach Kartoffelschalen und nach nicht ganz verfaulten Kohlblättern zu suchen. Dies war nichts Verdammenswertes, der Hunger ist ein großer Herr! Ich hungerte sehr und meine Schwestern ebenfalls. Wir wollten aber irgendwie etwas von dem ehemals Menschlichen unseres Daseins bewahren.

Einmal, es war vielleicht schon Dezember 1944, sollten fünfzig Frauen mit dem Lkw in einen Eisenwarenladen nach Frankfurt am Main fahren. Damals sah ich zum ersten Mal eine ausgebombte Stadt. Das Auto machte Halt. Vor uns war ein Bombentrichter, in dem ein großes Haus verschwunden war. Der Lkw kehrte um und versuchte auf einem anderen Weg, in die Stadt zu gelangen. Aber alle Straßen waren unbefahrbar und wir mussten umkehren. Fröhlich überbrachten wir diese Nachrichten den anderen Frauen und berichteten über alles, was wir gesehen hatten. Sehr naiv dachten wir, dies sei das Ende des Krieges, und dass wir nun bald nach Hause könnten. Aber wo war Zuhause? Wo war unser Zuhause? Und wer würde die Befreiung überleben?

Nur im Nachhinein sprachen wir darüber, dass die Westfront sich sicherlich Frankfurt genähert hatte und dass das Lager deswegen evakuiert werden musste.

Da es schon kalt war, verteilten sie an uns Mäntel. Für den Transport gab es Brot mit Margarine. Und ich kann mich wieder weder an den Aufbruch aus diesem Lager noch an die Ankunft in Ravensbrück erinnern. Es ist merkwürdig, dass die Fahrt völlig aus meiner Erinnerung ausgelöscht ist. Ich erinnere mich daran, dass es in diesem Lager (Walldorf, Anm. d. V.) kein Krematorium gab, aber physisch verschlechterte sich unser Zustand sehr. Ancis Füße waren so angeschwollen, dass die Haut riss. Icus Gesicht war geschwollen, insbesondere um ihre Augen. Sie war geschwächt. Mich selbst sah ich nicht, also weiß ich nicht, wie ich aussah. Ich fühlte mich schwach und apathisch. Alles war egal. So war meine Befindlichkeit.

Lagerschwestern

Bevor wir zu Ravensbrück kommen – das für uns zur tiefsten Hölle wurde –, möchte ich an unsere Lagerschwestern erinnern, mit denen wir durch unser Schicksal verbunden waren. Mit zwei Frauen, mit denen wir uns bereits in Auschwitz angefreundet hatten, waren wir in Frankfurt und in Ravensbrück. Erzsi und Magda Török stammten aus Monor. Beide waren Lehrerinnen und sehr klug, geistreich, humorvoll und einander stets sehr liebevolle Schwestern. Wir genossen ihre Gesellschaft und redeten miteinander nicht nur über das Essen und darüber, was wir bald kochen würden, sondern auch darüber, dass in Europa die verhassten Juden ermordet wurden. Erzsi sagte einmal, sie denke nicht, dass wir überleben würden. Aber die Überlebenden würden erfahren, dass dieser Krieg und damit die Auslöschung unseres Volkes nicht ohne Folgen bleiben würden. Denn mit den Juden würde schließlich auch der Humanismus verschwinden, Moral und Ethik, alles was den Mensch wirklich zum Menschen mache. Ich erinnere mich oft an die Török-Mädels. Wenn sie überlebt hätten, wären wir sicherlich in Kontakt geblieben.

Zu unseren engsten Kameradinnen gehörten auch Éva Osvát und ihre Schwägerinnen Anna und Elza. Doktor Osvát stammte aus Oradea und Anna und Elza waren die Schwestern des Arztes. Éva`s Mann war im Ghetto von der Gestapo abgeholt und tagelang misshandelt worden. Er hatte Gift bei sich. Er schrieb einige Zeilen auf einen Zettel an seine Frau: dass sie ihm vergeben solle, aber er könne nicht mehr. Den Zettel gab er einem anderen Häftling mit der Bitte, falls dieser lebend zurück ins Ghetto kommen sollte, ihn seiner Frau zu geben. Dann brachte er sich um.

Als wir Éva in Auschwitz kennenlernten, war sie um die dreißig Jahre alt. Man kann sich ihren psychischen Zustand, mit dem sie in Auschwitz und in den Lagern danach war, vorstellen. Sie wusste, dass sich ihr Mann umgebracht hatte und im Ghetto hatte sie ihren sechs Jahre alten Sohn verloren.

Ravensbrück

Wir erreichten also Ravensbrück – ein großer Schritt Richtung gänzlicher Untergang. Das Lager war sehr groß. Ich weiß nicht, wieviele Frauen dort zu dieser Zeit lebten. Für unseren Transport gab es keinen leeren Block. Es gab ein Riesenzelt, wie ein Zirkuszelt, dessen Boden mit Ziegeln ausgelegt war. Wir saßen zusammengekauert auf den Ziegeln. Dezemberkälte. Tausendfünfhundert in dem Zelt. Dies war ein Tiefpunkt der Jämmerlichkeit, dass der Lebenswille in uns nur noch blinzelte.

Ein schrecklicher Schicksalsschlag traf uns: Anci konnte sich nicht mehr auf den Beinen halten. Ihr Fuß war dick geschwollen. Es gab ungefähr zwanzig Frauen, denen es ähnlich ging. Diejenigen, die draußen beim Appell nicht stehen konnten, wurden im Zelt gezählt. Sie saßen am Rand des Zeltes auf Stroh. Neben ihnen standen Eimer für ihre Notdurft. Aber ich weiß nicht, ob sie dazu überhaupt aufstehen konnten.

Abbildung 15: "Das große Zelt", 1944.

Zeichnung der niederländischen Kunstlehrerin Aat Breur (*28.12.1913-†
31.12.2002). Breur war im Konzentrationslager Ravensbrück wegen ihrem
Widerstand gegen den Nationalsozialismus inhaftiert. Sie fertigte die Zeichnungen im KZ abends heimlich in ihrer Baracke (Block 32) auf der Rückseite von Karteikarten an.

© Rijksmuseum in Amsterdam.

Eines Tages – es war jetzt Ende Dezember 1944 – brachte die SS zwei Frauen. Sie hatten schöne Mäntel an, trugen Hüte auf ihren Köpfen und hatten lange Haare. Die beiden waren aus Carei: Klári Moskovics, die Tochter des Bankdirektors, und Gizi Weisz, ihr Zimmermädchen. Wir fragten uns, wie die beiden in so einem guten Zustand hierher gelangten. Icu und ich gingen zu ihnen. Erst erkannten sie uns nicht, dann fragten sie, ob wir die Meisels-Mädchen seien? ›Mein Gott‹, sagten sie, das könne nicht wahr sein.

Die beiden waren nicht im Ghetto gewesen. Sie waren nach Budapest geflüchtet und hatten sich dort mit falschen Papieren versteckt. Die Belagerung fing bereits an, aber sie wurden gefasst. Obwohl es für die Deutschen eng geworden war, gingen sie mit entdeckten Juden streng um, kannten sie keine Gnade. Es war nur eine Frage von Stunden oder Tagen, bis die Rote Armee Auschwitz erreichen würde und deshalb wurden die Juden, die zu dieser Zeit noch in Ungarn festgenommen wurden, nach Ravensbrück deportiert.

In Auschwitz sprengten die Nazis die Blöcke, in denen noch Menschen waren, die Gaskammern und das Krematorium. Bei dieser Explosion kamen Laci Bürgers Mutter Fani und ihre beiden Töchter um: Magda – mit der ich bereits in der deutschen Schule auf derselben Bank gesessen hatte – und ihre kleine Schwester Lilike – ein kleines, dünnes, vierzehnjähriges Mädchen. Die Bürger-Frauen hatten sich in Auschwitz stets vor der Selektion versteckt. Sie fürchteten sich davor, getrennt zu werden. Dies gelang ihnen wohl bis Januar 1945, aber dann starben sie durch die Explosion des Lagers. Die Deutschen wollten nicht, dass die Russen Zeuginnen fanden.

Ich weiß nicht, wieviele Tage wir in Ravensbrück im Zelt lebten. Schließlich wurden wir dem Zigeuner-Block 24 zugeteilt. Er war eine kalte, dunkle Gruft. Fenster gab es vielleicht drei, nur Fensterrahmen, aber keine Fensterflügel. Stattdessen waren dort ein paar Decken aufgehängt, welche am ersten Abend geklaut wurden, und so floss die winterliche, neblige Luft ungehindert hinein. Jeden Tag gab es mindestens fünfzehn Tote unter uns. Diejenigen, die bereits in Frankfurt kaputtgegangen waren, verendeten während der Nacht, ohne auch nur ein Stöhnen von sich zu geben.

Morgens vor dem Appell ging ich mit Icu zum Waschraum, um wenigstens das Gesicht zu waschen. Dort lagen die nackten Leichen auf den Ziegeln. Mit Tintenbleistift waren sie mit Nummern beschrieben. Es gab keine Spur von Brust, nur Haut und Knochen. Anschließend kam das Sonderkommando mit großen zweirädrigen Karren und brachte sie ins Krematorium.

Eines Morgens befahl mir ein Kapo, ich solle die Füße einer frischen Verstorbenen anfassen, eine andere Frau sollte die Schultern des Leichnams ergreifen. Ich wollte es nicht tun, denn die Tote war noch warm. Es war Borá aus Budapest. Ihren Nachnamen kannten wir nicht. Und nun sollte ich ihre noch nicht ganz erkalteten Füße anfassen. Der Kapo schlug mich mit dem Gummistock. Ich fasste sie an.

Ich konnte die Tage nicht mehr auseinander halten, nur so, dass an einem Tag dies und an einem anderen Tag jenes geschah. Aber immer waren wir sehr hungrig und froren.

Ich erzähle noch, wie wir mit Brot eine Strumpfhose kaufen wollten. Im Lagerkrankenhaus arbeiteten Pflegerinnen und Putzfrauen. Die haben die Leichen ausgezogen und deren Kleidung gegen Brot an Häftlinge getauscht. Mehrere Tage hatten Icu und ich kein Brot gegessen, um ein ganzes Brot zu sammeln, damit wir dies gegen eine Strumpfhose für Icu tauschen konnten.

Aber nach dem Appell wurde uns nicht erlaubt, zurück in den Block zu gehen. So standen wir mit mehreren tausend Frauen auf dem gefrorenen, verschneiten Boden des Appellplatzes herum. Icu drückte sich das Brot in ihre Achselhöhle. Da stahlen zwei Zigeunermädchen Icu das Brot und liefen damit weg. Ich lief ihnen nach, Icu schrie: ›Komm zurück!‹ Nein! Ich kannte die beiden Diebinnen. Sie rannten in den Toilettenblock hinein. Da hielten sich ihre Kumpaninnen auf. Sie schlugen mich, wo sie konnten. Durch den Lärm kam ein Lageraufseher hinein. Er schlug mich mit seinem Gummistock. Glücklicherweise hatte ich eine Kapuze auf meinem Kopf – ich weiß nicht, woher ich sie mir besorgt hatte. Der Lageraufseher schlug mir mit dem Gummistock zwei Mal ins Gesicht. Die Welt vor mir wurde schwarz. Ich taumelte weg und fragte mich, ob ich nun blind werden würde. Dies dachte ich so kalt, als beträfe es mich nicht. Etwas floss von meinen Augen. Ich wischte es mit meiner Hand ab. Ich schaute, sah, dass es Blut war, und dass auch die Kapuze blutig war.

Ich wurde nicht blind, aber an beiden Augenbrauen war die Haut aufgeplatzt. Bis heute sieht man zwei Narben. Lediglich die Augenbrauen verdecken sie.

Icu war niedergeschlagen. Es war ein großer Verlust. Sie machte sich Vorwürfe, das Brot vielleicht nicht fest genug gehalten zu haben. Dazu kam, dass ich richtig verprügelt wurde. Aber auch dies überstanden wir.

Während unser Block unter Quarantäne stand, starben viele. Man sagte, sie starben aufgrund des Hunger-Typhus. Ich denke, sie verhungerten einfach.

Leichen gab es im ganzen Lager reichlich, denn aus dem Lagerkrankenhaus, das Revier genannt wurde, kamen die Frauen selten wieder heraus. Aber trotzdem geschah ein kleines Wunder. Wir wurden draußen gezählt und Frauen aus anderen Blocks durften während der Quarantäne nicht in unseren Block kommen. Eines Morgens rief Magda Török: ›Meisels-Mädchen, kommt zum Fenster, jemand sucht euch.‹ Es war Anci! Unsere Schwester Anci, von der wir getrennt waren, seitdem sie wegen ihres Fußleidens ins Revier gekommen war! Sie sah gar nicht so schlecht aus. Sie war allerdings sehr traurig, denn sie hatte uns ungefähr fünf Wochen nicht mehr gesehen. In dieser Zeit verfielen Icu und ich physisch sehr. Anci wurde aus dem Krankenhaus entlassen. Ihre Füße waren geheilt. Erst sollten ihr die Füße amputiert werden, aber sie wurden geheilt. Anci konnte im Revier den Pflegerinnen bei der Arbeit helfen. Die Essensportionen der Sterbenden teilten sie miteinander. Anci bekam auch was davon, so baute sie körperlich nicht so ab wie Icu und ich.

Wegen der Quarantäne konnte Anci nicht in unseren Block kommen. So wurde sie in Block 18 versetzt. Aber die Blockälteste versprach ihr, sobald die Quarantäne aufgehoben werde, werde sie Anci bei uns wohnen lassen und sie werde eine andere Frau in ihren Block kommen lassen, damit die Anzahl stimme. Natürlich war es eine große Freude, dass etwas gut ausgegangen war und wir wieder voneinander wussten.

Ich erinnere mich nicht mehr an den Tag, an das Datum sowieso nicht, jedenfalls war es eines Morgens, da sprach Magda Török uns an und sagte, Erzsi sei heute Nacht gestorben. Sie sagte, wir sollen noch niemandem davon erzählen, denn sie wolle Erzsi`s Brotportion abholen. Ihre Schwester lag währenddessen tot neben ihr. Ein Gedanke traf mich im Herzen: ›Sind wir schon so weit gekommen?‹ Es gab keine Fürsorge, keine Trauer, nur das Brot war wichtig. Ja, wir waren so weit entwurzelt.

Es war Winter, kalt, wir froren. Während des ganzen Winters konnten wir uns nirgends aufwärmen. In diesem sehr kalten Winter musste ich zwei unterschiedliche Schuhe tragen. An meinem rechten Fuß trug ich einen schweren Stiefel mit Holzsohle. An meinem linken einen schwarzen Schnürstiefel aus Leder, der einen drei, vier Zentimeter hohen Absatz hatte. Natürlich hinkte ich. Abends zogen wir üblicherweise die Schuhe aus und legten sie uns unter den Kopf, damit sie uns nicht gestohlen werden konnten. Nachts gingen wir in unseren Kleidern und Mänteln schlafen. Eines Tages spürte ich, dass am großen Zeh meines linken Fußes etwas nicht in Ordnung war. Um den Zeh zu untersuchen, zog ich meine Strumpfhose aus. Ich stellte fest, dass mein großer Zeh ganz weiß war. Ich vermutete, dass es eine Frostbeule war, womit ich mich zufrieden gab, denn was hätte ich auch tun können.

Irgendwann Mitte Februar 1945 wurde die Quarantäne aufgehoben. Sofort wurden wir aus dem Block gejagt, vor der Küche *Strafestehen*. Wir sagten, vielleicht bestrafen sie uns, weil wir noch am Leben sind. Es waren schreckliche Stunden. Es war äußerst kalt und schon dunkel. Icu konnte sich neben mir kaum noch aufrecht halten. Ihren Kopf legte sie auf meine Schulter. Ich umfasste ihre Taille. Nach dem Stehen schlichen wir uns erschöpft zurück in die Baracke.

Am nächsten Morgen sagte Icu, sie könne nicht mehr Appellstehen, sie wolle zu der Baracke der Schwachen. Dort würden die Frauen in der Baracke gezählt werden und sie bekämen Kaffee, dort müsse man nicht raus. Ich wusste, dass sie nicht mehr stundenlang draußen stehen konnte. Ich konnte ihr also nicht widersprechen. Und sie machte sich auch schon auf den Weg zu dem Block. Ich rannte ihr nach und fragte sie: ›Icuka, du küsst mich nicht einmal?‹

Meine Schwester drehte sich um, beugte sich zu mir, küsste mich und ging. Das war das letzte Mal, dass ich sie gesehen habe.

Jeden Morgen sah ich, dass vor der Baracke der Schwachen das Sonderkommando die Leichen, die nackten Leichen auf ihren Karren stapelte. Ich hätte unter das Fenster gehen können, um meine Schwester zu sehen, morgens, wenn sie für den Kaffee anstanden. Wahrlich war es verboten und gefährlich, dorthin zu gehen, denn die Lageraufseher konnten kommen. Ich fürchtete mich aber nicht mehr vor den Prügeln. Ich fürchtete mich davor, Icu nicht in der Schlange der Wartenden zu sehen. Und so blieb mir noch Hoffnung.

Bis heute habe ich mir nicht verziehen, dass ich es nicht versucht habe, ihr in der morgendlichen Kaffeeschlange zuzuwinken. Vielleicht hätte es ihr gefallen und ihr Kraft und Mut gegeben, wenn sie mich winken gesehen hätte.

Ich ging zu dem Block, dem meine Schwester Anci zugeteilt war. Ich wollte unser Zusammensein forcieren. Ich fragte andere Frauen, wo Anci sei. Es wurde in eine Richtung gezeigt und gesagt, dass das Meisels-Mädchen dort auf der oberen Pritsche sei. Aber das Mädchen war nicht Anci, sie hieß nur wie wir Meisels. Sie stammte aus Munkács. Sie kannte Anci. Vielleicht zwei Tage zuvor war Anci ins Krankenrevier gegangen. Sie hatte Fieber und ihre Mandeln taten ihr weh. Ich sagte, dass Ancis Mandeln schon vor vielen Jahren entfernt worden waren. Ich war völlig niedergeschlagen. Am nächsten Tag wollte ich mich an das Fenster vom Krankenrevier stehlen, um etwas über Anci herauszufinden. Aber dann wurde ich plötzlich für einen Transport selektiert. Es war so Ende Februar 1945. Ich sah meine 27-jährige Schwester Icu und meine 29-jährige Schwester Anci nie wieder.

Rechlin

Dieses Mal wurde der Transport nicht in einem Vieh-, sondern in einem Personenwaggon vollzogen. Wir dachten, dies habe etwas zu bedeuten, dass die Häftlinge nun in einem Personenwaggon transportiert wurden. Natürlich dichtgedrängt auf dem Boden und im Gepäckraum. Der Zug fuhr zwei Tage lang. Wir hatten keine Ahnung, wie weit wir Ravensbrück hinter uns gelassen hatten. Wir kamen in Rechlin an. Dieser Ort war eine Zweigstelle von Ravensbrück. Und in den zwei Tagen waren wir lediglich dreißig Kilometer mit dem Zug gefahren. Im Rechliner Lager gab es lediglich ein paar Baracken. Für die Wächter und SS-Soldaten war ein großes Gebäude mit Stacheldraht umzäunt. Es gab alle Einrichtungen wie in Ravensbrück, nur viel kleiner. Ich war allein. Ich hatte meine Schwestern nicht mehr dabei. Es gab keine Török-Mädels mehr. Erzsi Török war ja bereits gestorben.

Die Osvát-Frauen gab es noch. Von ihnen hatten Icu und ich uns allerdings in Ravensbrück ferngehalten, denn Éva brachte stets etwas Gestohlenes aus der Küche mit und wir wollten nicht, dass die Ósvat-Frauen dachten, dass wir hofften, etwas von ihnen zu bekommen.

Es blieben nur wenige Bekannte. Die erste war Bella Wágner, die aus Oradea stammte, und Laci Bürgers Tante war. Sie hatte meine ganze Familie gekannt. Als Bella Wágners Mann zur Zwangsarbeit in die Kaserne in Baia

Mare gerufen worden war, wohnte sie bei meiner großen Schwester Loli, um ihren Mann zu sehen, denn diesem war es erlaubt, sich täglich einige Stunden aus der Kaserne zu entfernen. Bella Wágner und ihr Mann hatten sich stets bei meiner Schwester Loli zu Hause getroffen.

Da war auch noch Ella Guttmann, der ich lange Zeit Privatunterricht gegeben hatte, als ich noch ins Gymnasium ging. Im Lager lernte ich, dass jeder Mensch eine Gabe besitzt. Ella war sehr schwer von Begriff. Sie hatte Schwierigkeiten beim Lernen. Aber im Lager konnte sie ausgezeichnet organisieren, stehlen und Geschäfte machen. In solchen Sachen war ich wiederum nicht begabt. Bella und Ella hatten sich zusammengeschlossen. Bella schickte Ella in die Schlange, um für Suppe anzustehen. Wenn Ella verprügelt wurde, ertrug sie tapfer die Schäge. Ella stahl Kartoffeln, wozu Bella sie anstiftete. Die arme Ella war zwei Jahre jünger als ich, und Bella bereits vierzig. Sie waren in einer Art Zweck-Beziehung. Ella war froh, jemanden zu haben, mit dem sie sprechen und für den sie stehlen konnte, denn sie war so allein wie ich.

Wir mussten weit gehen, um Kartoffeln von einem Acker zu holen, diese dann in die Küche bringen und das Lager kehren. Wieder gab es eine Selektion. Ein Teil der Frauen wurde ins Revier gebracht. Ein anderer Teil wurde mit Lastwagen weggeschafft, wer weiß wohin. Hier gab es kein Krematorium.

Eines Tages bemerkte ich, dass mein erfrorener Zeh eine Art Flüssigkeit absonderte. Als ich meine Strumpfhose auszog, ging die Haut ab und darunter war eine wunderschöne neue rosa Haut mit Nagel. Ich war glimpflich davongekommen.

Langsam wurde es März, dann April 1945. Die Sonne zeigte sich. Die Läuse hatten sich in unsere Mäntel verkrochen. Es waren riesengroße Kleiderläuse. Ich konnte sie ganz geschickt von den Mänteln derjenigen jagen, die neben mir waren. Ich hatte nicht so viele von ihnen, und sie haben mich nicht sehr gebissen.

Die arme, noch junge Ella wurde fiebrig. Es ging ihr schlecht. Wir mussten sie bei der Blockältesten melden. Sie wurde nicht in das Revier gebracht, sondern mit anderen in dem Lkw verschleppt. Ich denke, sie hatte Typhus. Ella ließ ihren guten Pullover für Bella zurück, mit orange-grünem Rand und Streifen, locker gestricktes Vlies. Bella gab mir ihren bisherigen Pullover. Sie dachte, ich würde die Nachfolgerin von Ella als Organisatorin werden. Darin musste ich sie aber enttäuschen, denn ich war ganz und gar nicht geschickt darin, Dinge zu ergattern. Ich bedankte mich für den Pullover und betrachtete ihn näher. So etwas hatte ich in meinem ganzen Lagerleben nicht erlebt. In jeder gestrickten Masche gab es eine Laus – ich schwöre es! Ich sagte Bella, das Teil müsse sofort verbrannt werden. Das konnten wir nicht, also warfen wir ihn auf den Misthaufen bei der Küche.

Bella und ich bekamen zum Glück keinen Typhus. Wir überlebten.

Éva Osvát arbeitete in diesem Lager nicht in der Küche. Sie und ihre Schwägerinnen wurden tagtäglich schwächer. Sie konnten nicht mehr Appell stehen und gingen ins Revier.

In dem Raum, der mit Pritschen ausgestattet war, lebten fast einhundert Frauen. Mein Kreuz fing an, weh zu tun. Der Schmerz ging bis in den unteren Bauch hinunter, bis in den linken Fuß. Die ganze Nacht tat es weh. Ich biss in meine Hand, um nicht vor lauter Schmerzen zu schreien. Ich wollte diejenigen, die schliefen, nicht aufwecken.

Lola und Maja Berkovits waren zwei Schwestern aus Katowice. Maja litt unter der Mangelerkrankung Skorbut. Sie schrie die ganze Nacht, und diejenigen, die dadurch nicht schlafen konnten, beschimpften sie. Ich wollte nicht, dass die Frauen mich anschrien. Von irgendwoher hatte ich mir einen schmalen, schwarzen Stoff besorgt und damit den Blutkreislauf an meinem Oberschenkel abgebunden. Das taube Bein war besser zu ertragen. Wenn ich tagsüber viel stehen musste, waren die Nächte besonders schmerzhaft. Dann habe ich mir die Hand blutig gebissen, um nicht zu jammern.

Nun war es bereits April 1945. Die Tage vergingen hoffnungslos. Ich begegnete einem Mädchen aus Auschwitz wieder. Ihren Namen wusste ich nicht, aber alle kannten sie im Block in Auschwitz, denn sie hatte eine wunderschöne Stimme. Sie war die Tochter des Kantors aus Nyiregyháza. Die Blockälteste ließ sie in Auschwitz oft in ihre Stube kommen, damit sie für sie singe, am häufigsten das Lied:

> Ich habe Sehnsucht nach meiner Heimat /
>
> das Ufer von Donau-Theiß wartet /
>
> dort ist das Leben schöner /
>
> schöner singt der Vogel.

In der ganzen Baracke ertönte dann ihre Stimme. Alle haben geweint.
Es gab noch ein beliebtes Lied, von dem ich nur ein paar Zeilen kenne:

> Schlaf Süßer und träume /
>
> niemand ist mehr wach /

auf Erden nur die Liebe /

und der Mond am Himmel.

Die letzte Zeile musste sie allerdings singen *und Riset am Himmel*, denn die Blockälteste Edit war eine junge Ärztin und Riset hieß ihr Bräutigam, der bei der Zwangsarbeit umgekommen war.

Das Mädchen aus Nyiregyháza erzählte mir, dass Edit ihr, bevor sie deportiert worden sei, Pellkartoffeln mitgegeben habe. Edit und drei andere Blockälteste hatten untereinander aber auch aus Gemeinheit beschlossen, eine gewisse Schallplatte zu spielen. So erfuhr ich durch das Mädchen, was damals in der grausamen Nacht passiert war.

Ende April 1945 wurden Rote-Kreuz-Pakete verteilt. Wir waren fast ein Jahr Lagerinsassinnen und hatten noch nie Hilfspakete erhalten. Jeweils zehn Frauen teilten sich ein Paket. Darin waren Waschseife, Milchpulver, Nescafe, eine kleine Fleischkonserve und eine Dose Ölsardinen. Für uns zählte nur, was sofort gegessen werden konnte. Für zehn Personen gab es also eine Fleischkonserve und eine Dose Ölsardinen. Für jede ergab das die Menge von einem Löffel.

Natürlich interpretierten wir die Geschehnisse so, als kündigten sie das Ende des Krieges an. Aber wir hatten schon so oft darüber spekuliert und waren immer nur enttäuscht worden. Als wir in Auschwitz einen SS-Offizier mit einem Trauerband an seinen Arm sahen, hatten wir im Stillen gehofft, dass Hitler nun endlich krepiert sei, dabei muss er sich zu dieser Zeit bei bester Gesundheit über den Fortschritt der Endlösung gefreut haben.

Malchow

Ein, zwei Wochen nach dem Hilfspaket gab es einen Appell. Wir wurden gezählt. Den Kranken im Revier wurde gesagt, diejenigen, die gehen könnten, sollten mit uns kommen. Niemand kam mit. Achtzig Menschen blieben dort.

Mir kommt immer so eine Erinnerung, als wäre es am 28. April 1945 gewesen. Nach kurzer Zeit zu Fuß erreichten wir eine Landstraße. Ein gewaltiges Geräusch ertönte. Das Krankenrevier war explodiert – mit den achtzig Frauen. Von den Marschierenden hatten viele Angehörige im Revier gehabt, Mütter, Schwestern oder Kinder. Weinen. Stöhnen. *Weiter gehen, los, los!* Unsere Aufseher hatten zur Einschüchterung scharfe Hunde dabei.

Es war interessant, was wir unterwegs sahen: weggeworfene Offiziersuniformen, in Gräben liegende Panzer. Am Feld entdeckte ich eine große Viehrübe und freute mich. Ich hatte aber nichts, womit ich etwas von ihr abschneiden konnte. Bald ließ ich die Rübe zurück auf den Boden fallen. Sie war zu schwer für mich zu tragen.

Eines Nachts saßen wir in einer Scheune, lagerten, schliefen. Ich meine mich zu erinnern, dass wir drei Tage unterwegs gewesen waren, aber ich weiß nicht mehr, wo wir in den anderen Nächten übernachtet hatten. Die Aufseher um uns wurden weniger und weniger.

In meiner Erinnerung könnte es der 2. Mai 1945 gewesen sein, als wir Malchow erreichten, aber vielleicht war es auch am 1. Mai 1945. Wir schleppten uns durch eine kleine ausgestorbene Stadt. Keine Spuren vom Krieg. Nirgendwo eine Menschenseele. Die Tore und Fenster waren verschlossen. Nicht einmal Hunde sah man auf den Straßen. Wir liefen immer noch. Ich weiß nicht, wie meine Füße überhaupt noch gehen konnten.

Jenseits der Stadt gab es ein Lager. Natürlich war das Lager umzäunt, aber auf dem Draht gab es keinen Strom. Als wir ankamen, war es bereits Abend. Vorne gab es mehrstöckige Steingebäude für die SS. Hinten gab es leere Baracken. Wir durften hinein. Jemand teilte uns mit, wo wir Strohsäcke holen konnten. Ich ging nirgendwohin, ich war mit den Kräften am Ende. Ich legte mich auf den Boden.

Ich wachte aus einem sehr tiefen Schlaf auf. Wir mussten in Reihen stehen. Wir wurden bis zum Tor geführt. Während dieser Nacht waren die meisten SS-Soldaten mit ihren Hunden verschwunden. Nun geschah eine wunderbare Sache. Im Lagertor stand ein Lkw. Auf dessen Ladefläche standen Eimer. Suppe wurde verteilt. – Ich habe es noch nicht erwähnt: als wir in Frankfurt ankamen, bekamen wir einen Blechteller und -löffel, die ich an ein Knopfloch meines Mantels anheftete. Nun stand ich Schlange mit meinem Teller. Es war eine grüne Bohnensuppe. In ihr winzige Sternnudeln. Die Suppe war lecker. Ich genoss sie langsam, ich löffelte. Das Wachpersonal drängte uns, wir sollten an der Landstraße antreten.

Weiter geht's.

Die Befehle waren nicht kraftvoll. Einige von uns standen bereits in Reihe an der Straße. Da sah ich, dass es auf der anderen Seite der Straße einen Wald gab. Er war noch spärlich, alles fing erst an, grün zu werden. In diesem Wald setzten sich einige von uns unter die Bäume und die Soldaten jagten sie nicht heraus. Ich stellte mich nicht zurück in die Reihe, sondern ging zu den anderen in den Wald. Die Soldaten trieben einige zurück in die Reihe und marschierten los. Für die Soldaten war es wichtig, weiter zu schreiten. Die wenigen Hundert, die in die Reihe eintraten, liefen und liefen bis zum 9. Mai. Ich weiß nicht, wie viele von ihnen auf diesem Weg zusammenbrachen und starben.

Als ich dort so am Rande der Straße lungerte, kam ein kleiner, unglücklich aussehender SS-Soldat mit einem Gewehr auf mich zu und fragte mich auf Ungarisch, aus welcher Himmelsrichtung die Russen kommen würden – denn das war die Richtung, in die er nicht gehen wollte. Endlich verstand ich, kapierte ich, dass unsere Gefangenschaft vorbei war. Denn wenn ein SS-Mann mich, einen kahlköpfigen und mit Läusen übersäten Häftling, fragte, wohin er gehen sollte, dann konnte ich hoffen, überlebt zu haben. Dieser elende SS-Soldat stammte vielleicht aus unserer Gegend, aus einem schwäbischen Dorf oder aus der Gegend von Temeswar – da gab es viele, die sich als deutsche Soldaten gemeldet hatten.

Die Geschehnisse beschleunigten sich. Männer erschienen, französische Gefangene; sie hatten ihr Lager auch dort gehabt. Einer der Männer ging in die Stadt und als er zurückkam, sagte er, in der Stadt hingen überall an den Häusern weiße Fahnen.

Die Männer brachen im Lager Räume auf. Ich ging mit den anderen auch dorthin. Ein Raum voll mit Brillen, Fuß- und Armprothesen. Sie hatten denjenigen gehört, die in die Gaskammern geschickt worden waren. In einem anderen Gebäude gab es ärztliche Instrumente, Medikamente, Watte, Verbandszeug. Von einem Kleiderlager suchten wir uns Kleidung aus. Ich wählte eine dunkelblaue Tiroler Lederhose und die dazugehörige Weste mit langen Ärmeln. In einem anderen Lagerraum gab es Konserven, sehr viele davon. Ich hob mein gestreiftes Kleid am Saum nach oben und legte ein paar Sardinenbüchsen hinein, die ich schon zu Hause gemocht hatte – die Sardine ist koscher. Ich brachte den Schatz in den Wald. Gemeinsam mit Bella öffnete ich eine Dose, wir konnten es kaum erwarten, davon zu essen. Es schmeckte gut, aber nur die ersten Bissen, uns fehlte das Brot. Ich ging zu einem Baum und erbrach mich.

Es gab unter uns auch ukrainische Frauen. Sie trugen warme Mäntel und warme Tücher um ihre Köpfe. Diese Frauen hatten ein rotes Dreieck neben der Häftlingsnummer. Ich weiß nicht, wer diese Frauen waren und warum sie verhaftet worden waren. Noch in den Morgenstunden – ich weiß nicht, ob es der 2. oder 3. Mai war – erschien ein fremder Soldat im Wald. Die großen ukrainischen Frauen stürzten zu ihm, sie umarmten ihn, weinten, küssten ihn – es war ein russischer Soldat aus der Vorhut der Roten Armee.

Ein wenig später fuhr ein offener Jeep vor. Als das Auto stehenblieb, stand ein Offizier im Jeep auf. Er sprach kein Deutsch. Er dachte, es sei ein französisches Lager, also fragte er uns auf Französisch, wer wir seien.

Die Frauen umrundeten den Wagen, keine konnte zu Wort kommen. Bella schob mich nach vorne und sagte, ich könne etwas Französisch, also sollte ich mit ihm reden. Ich sagte: ›Nous sommes juifs hongroises.‹ (dt: ›Wir sind ungarische Juden.‹) Da antwortete er: ›Moi aussi.‹ (›Ich auch.‹)

Ich konnte nichts mehr sagen, die Tränen flossen aus meinen Augen.

Der Mann sagte noch, sie würden uns mit täglich dreihundert Gramm Brot, mittags Gemüse und Fleisch versorgen. Es würde eine ärztliche Sprechstunde geben. Unsere Kleidung müsse verbrannt werden. Wenn wir keine Kleider fänden, könnten wir in die Stadt gehen und sie uns dort besorgen.

Viele nutzten diese Freiheit aus, ich nicht. Nicht nur, weil ich zu geschwächt war. Nicht einmal ein Jahr in den deutschen Konzentrationslagern hatte mich so umerziehen können, dass ich in ein fremdes Haus eindringen und fremde Schränke durchsuchen würde. Das heißt nicht, dass ich besser als die anderen war, sondern das heißt, dass ich eine war, die nicht mit der Möglichkeit, zu stehlen, zurechtkam. Das ist die Wahrheit.

Ich dachte tatsächlich: Mit unserer Befreiung ist der ganze Krieg zu Ende.

Am 9. Mai 1945 ertönte in der Stadt Fliegeralarm. Ich geriet in Panik. Ich dachte, die Deutschen wären zurück gekommen, um uns zu bombardieren. Aber die französischen Männer wussten: Es war das Ende des Krieges.

Familie Lilienfeld

Eine jüdische Familie war ausnahmsweise in Carei geblieben. Sie war deswegen eine Ausnahme, weil der Mann zu neunzig Prozent kriegsgeschädigt war, und für das ungarische Heimatland gekämpft hatte. Er trug Beinprothesen. Und aus diesem Grund musste die Familie nicht ins Ghetto und nicht ins Lager. Es handelte sich um Lipi Lilienfeld, seine Frau Rozsika und ihren einziger Sohn Jóska.

Herrn Lipi Lilienfeld kannte jeder. Wegen seiner Kriegsverletzung hatte er eine Handelserlaubnis bekommen. Im Zentrum von Carei hatte er seinen Kiosk, dies war der Lili-Handel, ein beliebter Treffpunkt.

Ich erinnere mich, dass ein Jahr vor der Ghettoisierung Lipi Lilienfeld schwer krank gewesen war. Sein Sohn besuchte eine jüdische Schule außerhalb von Carei. Rozsika Lilienfeld konnte nachts nicht allein mit ihrem schwerkranken Mann allein gelassen werden. Tagsüber war sie im Kiosk. Jede Nacht gingen zwei jüdische Männer zu den Lilienfelds, um an Herrn Lilienfelds Bett zu wachen. Auch mein Vater ging jede Woche für eine Nacht hin und sagte: ›Der arme Lipi ist sehr schwach.‹

Herrn Lipi ging es mit der Zeit besser. Er konnte wieder im Kiosk arbeiten. Als ich 1945 zurückkam, lebte er noch ein paar Jahre, und diejenigen, die nachts um sein Bett gewacht hatten, mein Vater und die anderen ermordeten Männer, von ihnen blieben nur die Erinnerungen, wenn es überhaupt Menschen gab, die sich an sie erinnern konnten. All dies erzähle ich, um klar zu machen, wie unberechenbar das Leben ist.

Der Sohn der Familie Lilienfeld, Jóska, war mit Béluska ins Hajder gegangen und später auch sein Klassenkamerad. Sie waren gute Freunde.

Was ich damals im Frankfurter Lager vergessen hatte, hatte Béluska nicht vergessen. Er hatte eine Postkarte aus dem Konzentrationslager an Jóska Lilienfeld geschrieben und dieser hatte sie tatsächlich bekommen.

Als ich nach der Befreiung im August 1945 in Carei ankam, kam Rozsika Lilienfeld zu Tubi, um mich zu sehen. Sie zeigte mir die Postkarte von Béluska. Ich war so glücklich und schöpfte wieder Hoffnung, denn Béluska konnte doch unmöglich in der Gaskammer ermordet worden sein. Ich hoffte, Béluska sei irgendwohin zum Arbeiten deportiert worden. Er war noch so jung und gut trainiert; er würde überleben und zurückkommen!

Lange habe ich gewartet und geglaubt, wenigstens er würde zurückkommen und wir würden gemeinsam etwas mit unserem Leben anfangen.«

Piri Ujházi II

Hast du wirklich nie mehr mit dieser Piri gesprochen?«, fragte ich.

»1948 habe ich Piri zufällig in Carei getroffen. Sie sprach mich an. In der Zwischenzeit hatte sie ihr Abitur geschafft und ihr Studium an der Universität in Cluj abgeschlossen. Sie war Lehrerin im Lyzeum für die Fächer Rumänisch und Latein. Sie fragte mich, was ich in dieser Zeit gemacht hatte.«

Pici gingen daraufhin ihre biografischen Daten durch den Kopf: Sie hatte eine ungeliebte Lehre als Näherin gemacht, wurde Gehilfin, verdiente damit ein wenig Geld. Dann kamen Deportationen, Gefangenschaft und viel Leid in den Ghettos und Lagern. Der Verlust der ganzen Familie. Auf dem Weg in die Heimat hatte sie Izidor Scheer, genannt Táti, kennengelernt. Sie heiratete. Am 25. Dezember 1946 wurde ihr Sohn Iván geboren. Pici hatte Wirbelsäulentuberkulose. Sieben Monate musste Pici reglos in einem Gipsbett liegen. Vier Jahre konnte sie nur eingeschlossen in einem Korsett gehen. Nur so viel war ihr in den Jahren 1940-1948 passiert. Das dachte sie sich natürlich ironisch.

»Als ich Piri auf der Straße traf, und sie sagte, sie freue sich, mich zu sehen, sie habe gehört, dass ich krank war usw., da dachte ich daran, sie wegen ihrer früheren Beleidigung wortlos stehen zu lassen. Aber die Zeiten waren inzwischen anders. Jetzt war ich die Frau des Genossen Scheer. Mein Schwager Miklós war Hauptsekretär der kommunistischen Partei und hielt am 1. Mai vom Balkon des Schlosses die Feiertagsrede. Wenig später wurde meinem Mann die Leitung der Partei-Schule übertragen. Da hatten die Ungarn auf einmal vergessen, dass ihr Parteigenosse Scheer jüdisch war. Ich wollte meinen neuen Status nicht ausnutzen. Nach einem kurzen, belanglosen Wortwechsel mit Piri ging ich einfach weiter.

Meiner Cousine Tubi erzählte ich von dem Wiedersehen mit Piri Ujházy. Tubi sagte mir, ich sei eine *vornehme Dame*, denn andere hätten Piri längst Mores gelehrt. Das war das erste Mal, dass mich jemand eine *vornehme Dame* nannte; obwohl ich damals erst vierundzwanzig Jahre alt war.«

Morgen

Pici war müde und fragte mich, ob es in Ordnung wäre, wenn sie mir ihre weitere Geschichte am nächsten Tag erzählen würde, denn jetzt fing ein neuer Lebensabschnitt an – in Carei, ihrem alten ›Zuhause‹, wo niemand auf sie wartete, denn Pici`s ganze Familie wurde ermordet.

Ich stimmte zu und schaltete mein Aufnahmegerät aus, küsste und umarmte Pici, wünschte ihr eine gute Nacht und ging schlafen.

Vor meinen schläfrigen Augen sah ich Pici in Carei mit meinem Großvater und meinem Vater. Pici mit mir und meinem Bruder Gabriel. In der Küche. Auf dem Markt. Pici in Rumänien, Pici in Israel. Aber auch ich war wirklich müde und die stockdunkle und kühl gewordene Nacht des Nahen Ostens ließ mich alle Bilder vor meinem geistigen Auge verlieren. Alles wurde neblig und nebliger. Und da kam ein angenehmer Tiefschlaf über mich, wo keine Orte und keine Namen existierten, es war ein Platz, ohne wirklich ein Platz zu sein, wo alles eins war, ein Platz, wo die Worte unsinnig und doch nicht ohne Sinn waren, sondern einen geheimen Sinn hatten, wie ein Fluss sein Fließen, wie das Leben eben das Leben.

Ausblick

Pici war eine Frau, die mich unendlich liebte. Seit meiner Geburt hatten Pici und ich eine enge Beziehung. Da meine Eltern arbeiteten, verbrachten wir viel Zeit zusammen. 1979 verließ meine Familie Carei und siedelte nach Baia Mare über. Mein Bruder und ich fuhren in den Sommerferien zu meinen Großeltern. Dort spielten wir mit unseren Freunden von früh bis spät. Das waren die schönsten Jahre!

Als meine Familie 1985 nach Israel emigrierte, habe ich geweint und nach Pici verlangt. Ich musste nicht lange warten, denn sie kam 1986 nach und wohnte ganz in unserer Nähe in Petach Tikwa. Nach der Schule gingen mein Bruder und ich zuerst zu unseren Großeltern, wo Pici stets mit gedecktem Tisch auf uns wartete. Nach dem Mittagsessen gingen wir nach Hause. Abends kamen meine Großeltern zu uns.

Natürlich litt Pici unter der Ermordung ihrer ganzen Familie und konnte diesen Verlust nie überwinden. Über diese schrecklichen Jahre sprach sie kaum mit ihrem Sohn Iván, aber umso mehr mit mir und meinem Bruder. Dies war typisch für einige Holocaustüberlebende: dass sie erst gegenüber der übernächsten Generation ihre Erlebnisse in Worte fassen konnten.

Pici war eine kluge, wissensdurstige Frau. Neben Ungarisch, Deutsch und Rumänisch sprach sie fließend Französisch und ein wenig Hebräisch.

Das Lesen war ihre Leidenschaft. Die letzten Monate vor ihrem Tod ließ ihre Sehkraft deutlich nach und sie litt sehr darunter, nicht mehr lesen zu können.

Ich sehe noch vor mir die vielen Bücher in ihrer Wohnung in Carei. Bevor mein Bruder und ich in dem Zimmer einschliefen, schauten wir uns die Bücher an und lasen die Titel und die Namen der Schriftsteller. Auf diese Art waren mir die großen Namen der Literatur schon früh bekannt, auch wenn noch viele Jahre vergehen sollten, bis ich selber Bücher in die Hand nahm und später auch schrieb.

Da ich mir sicher bin, dass dieses Buch Pici eine große Freude bedeuten würde – denn sie hatte die erste Niederschrift gelesen –, bin ich froh und der Verlegerin Jana Reich dankbar, dass ihre Erinnerungen publiziert wurden.

Das Buch ist ein Versuch, Pici einen Teil ihrer Liebe zurückzugeben und nebenbei ist es auch ein Weg, ihr Leiden vor aller Welt zu benennen und anzuerkennen – etwas wozu Täterinnen und Täter bis heute nicht fähig sind. Auch auf diese Weise erhält Pici etwas ›zurück‹, wenn man so will, nämlich die Würde, die man ihr damals nehmen wollte.

Robert Scheer, im März 2016

ANHANG

Pici`s Familie

Herman Meisels
* 1880
† 1944
ermordet im KZ Auschwitz.

Gizela / Gizella ("Gizike") Meisels,
geborene Schlesinger
* 1890
† am 05.06.1944
ermordet im KZ Auschwitz.

Béla (Béluska) Meisels
* 1926
† 25.12.1944
im KZ Mauthausen.

Ilona ("Icu", "Icuka") Meisels
* 1917
† Februar 1945
im KZ Ravensbrück.

Ana ("Anci") Meisels
* 1915
† Februar 1945
im KZ Ravensbrück.

Leona (Loli, Luluka, Lolika, Lulu) Wigdorovits /
Vigdorovitz, geborene Meisels
* 1911
† Juni 1944
ermordet im KZ Auschwitz

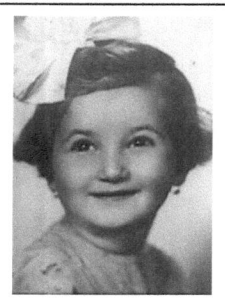

Suzane (Zsuzsika) Wigdorovits / Vigdorovitz
* 27. Februar 1940
† Juni 1944
ermordet im KZ Auschwitz

Béla Wigdorovits / Vigdorovitz
* 1912
† Juni 1944
ermordet im KZ Auschwitz

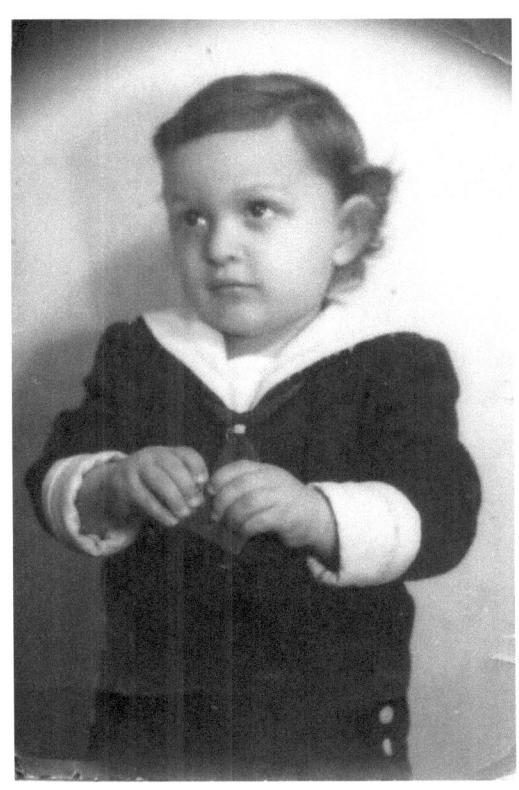

Abbildung 16:
ca. 1948/49: Pici`s Sohn Iván mit ungefähr zwei Jahren.
Er wurde am 25. Dezember 1946 geboren.

Abbildung 17:
Miklós Scheer, Schwager von Pici, Kommunist.

Abbildung 18:
von links nach rechts:
Lilike (Pici`s Tante), Izidor Scheer und Elisabeth Scheer, genannt Pici.

Abbildung 19: Izidor (genannt Táti), Pici und ihr Sohn Iván (* 1946), 1962.

Abbildung 20: Familie Scheer 2001.
Hintere Reihe von links nach rechts: Gabriella Scheer (geb. Hóhágyi),
die Brüder Gabriel und Robert Scheer, Iván Scheer.
Sitzend: Pici und ihr Mann Táti.

Abbildung 21: Von links: Robert, Elisabeth und Gabriel Scheer, 2014.

Nachwort der Verlegerin

Weihnachten 2015 kontaktierte mich der Autor Robert Scheer, weil er die Geschichte seiner Großmutter Pici, einer Holocaust-Überlebenden, veröffentlichen wollte. Holocaust, Nationalsozialismus und Traumata gehören zu den Schwerpunkt-Themen von Marta Press. Ich war sofort begeistert, aber auch vorsichtig. Konnte es jetzt noch, nach so vielen Jahren, möglich sein, dass noch nicht alle Biografien von Überlebenden erzählt und dokumentiert waren? Was, wenn es sich nicht um eine ›echte Story‹ handelte? Ich fing an, zu recherchieren, und erste Original-Quellen zu finden. Nach und nach erschloss sich für mich die Tragik der in diesem Buch erwähnten Holocaust-Überlebenden und Holocaust-Ermordeten. Sie sollten, weil sie Jüdinnen und Juden waren, ihrer Identität und ihres Lebens beraubt, sprich systematisch vernichtet, werden. Die wenigsten kamen mit dem Leben davon.

Ein besonderer Verdienst dieses Buches ist meines Erachtens, dass durch Pici`s Erinnerungen einige Menschen wieder sichtbar werden, die zu den Namen auf den Deportationslisten und vor dem Nationalsozialismus zum ganz normalen jüdischen Leben in Carei und Umgebung gehör(t)en. Ihre Geschichte wird ein stückweit dokumentiert. Das Buch fügt zudem den Überlieferungen weiterer Überlebender und der Geschichtsschreibung ein Puzzleteil hinzu, bestätigt Aussagen oder wirft neue Fragen auf.

Pici erlebte über ein Jahr lang extreme Zustände, physische und psychische Gewalt, Angst, Trauer und Mangel. Zur Identitätszerstörung gehörte es auch, den Häftlingen so einfache Informationen wie zum Beispiel regionale oder zeitliche Verortungen (wie ein schlichtes Datum), vorzuenthalten. So verloren die Häftlinge, verstärkt durch Hunger, Schlafmangel, physische Ausbeutung, Kälte oder Hitze jegliches Zeitgefühl. Eine temporäre Zuordnung soll deshalb an dieser Stelle ergänzend versucht werden. In Zahlen und Fakten ausgedrückt, lässt sich das Leben von Pici, ihren Angehörigen und Bekannten in Kurzform so rekonstruieren:

Nachdem in Ungarn am 23. März 1944 eine neue Regierung unter Ministerpräsident Döme Sztójay gebildet wurde, kam es innerhalb kürzester Zeit zur vollständigen konstitutionellen Entrechtung der jüdischen Ungarinnen und Ungarn. Am 16. April 1944 begann die Ghettoisierung. Am 27. April 1944 wurden unter der Leitung von Adolf Eichmann die ersten ungarischen Jüdinnen und Juden in das Vernichtungslager Auschwitz deportiert. Ab dem 15. Mai 1944 kamen täglich mehr als 10.000 Menschen vornehmlich in das Vernichtungslager Auschwitz-Birkenau, wo die Mehrheit sofort vergast wurde. Zwischen dem 16. Mai und 11. Juli 1944 trafen in Auschwitz mindestens 137 Eisenbahntransporte mit rund 425.000 Menschen aus Ungarn ein, von denen mindestens 300.000 in den Gaskammern getötet wurden. Zu ihnen gehörten Pici`s Eltern Herman und Gizella Meisels, ihre Schwester Luluka, ihre kleine Nichte Zsuzsika und Pici`s Schwager Béla Wigdorovits.

Abbildung 22: Ungarische Jüdinnen und Juden an der Rampe.
Auschwitz Album, Mai 1944. Das komplette Album ist einsehbar unter:
http://www.yadvashem.org/yv/de/exhibitions/album_auschwitz/index.asp

Entweder bereits im Ghetto oder im ersten Konzentrationslager wurden die Daten der Deportierten erfasst. War es strategisch eher gut, jung zu sein? Ab wann war man aber ›zu jung‹ und ab wann ›zu alt‹ bei Selektionen? Entweder durch falsche Eigenangaben, durch eine nicht korrekte Erfassung, Unlesbarkeit oder Übertragungsfehler wurde für Pici das Geburtstjahr 1926 vermerkt, sie also auf dem Papier zwei Jahre und ihre Schwestern jeweils ein Jahr jünger gemacht. Ihre Namen wurden teilweise eingedeutscht, und so wurde auf den Listen aus Anci Anna und aus Icu/Ilona Helen.

Pici gehörte mit ihren Schwestern Icu und Anci zu den 1.700 ungarischen Jüdinnen zwischen 14 und 46 Jahren, die vom Vernichtungslager Auschwitz in das KZ-Außenlager Walldorf[2] zur Zwangsarbeit deportiert wurden. Ihr Name ist auf der Deportationsliste vom KZ Auschwitz zum Arbeitslager Natzweiler vom 27.08.1944 erfasst. Sie hat die Häftlingsnummer 88121. Auf dieser Liste sind auch ihre Lagerschwestern Erzsebet Török (* 10.11.1907, Haft-Nr. 88075) und Margit Török (* 15.03.1912, Haft-Nr. 88076) zu finden.

---

[2] Kurz nach dem Krieg wurde das Lager am Stadtrand von Walldorf gesprengt und wiederaufgeforstet. Erst seit den 1990er Jahren findet eine kontinuierliche Aufarbeitung der Geschichte der KZ-Außenstelle statt, wozu die *Margit-Horváth-Stiftung* wesentlich beiträgt. Margit Horváth (* 1911) war, genau wie Elisabeth Meisels, eine der 300 Frauen, die nach Walldorf auch Ravensbrück überlebt hatten.

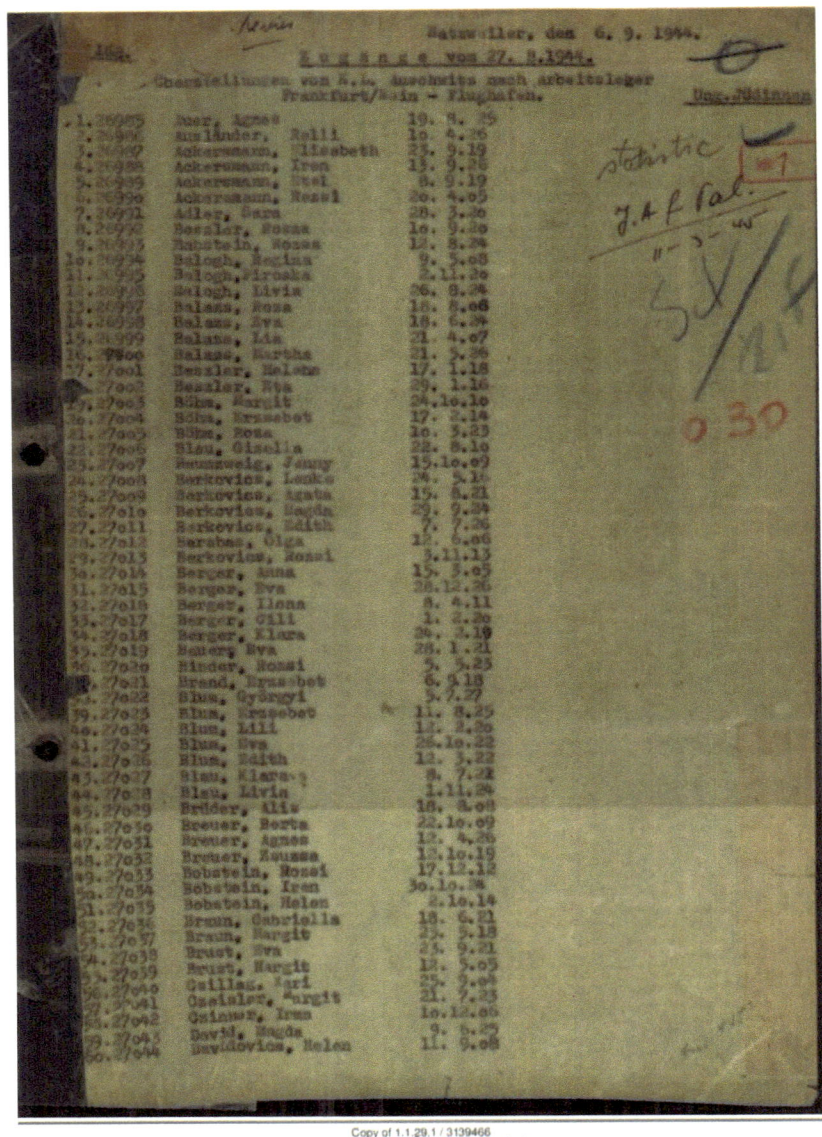

Abbildung 23a: Seite 1 der Deportationsliste vom KZ Auschwitz zum Arbeitslager Natzweiler vom 27.08.1944 erstellt in Natzweiler am 06.09.1944.

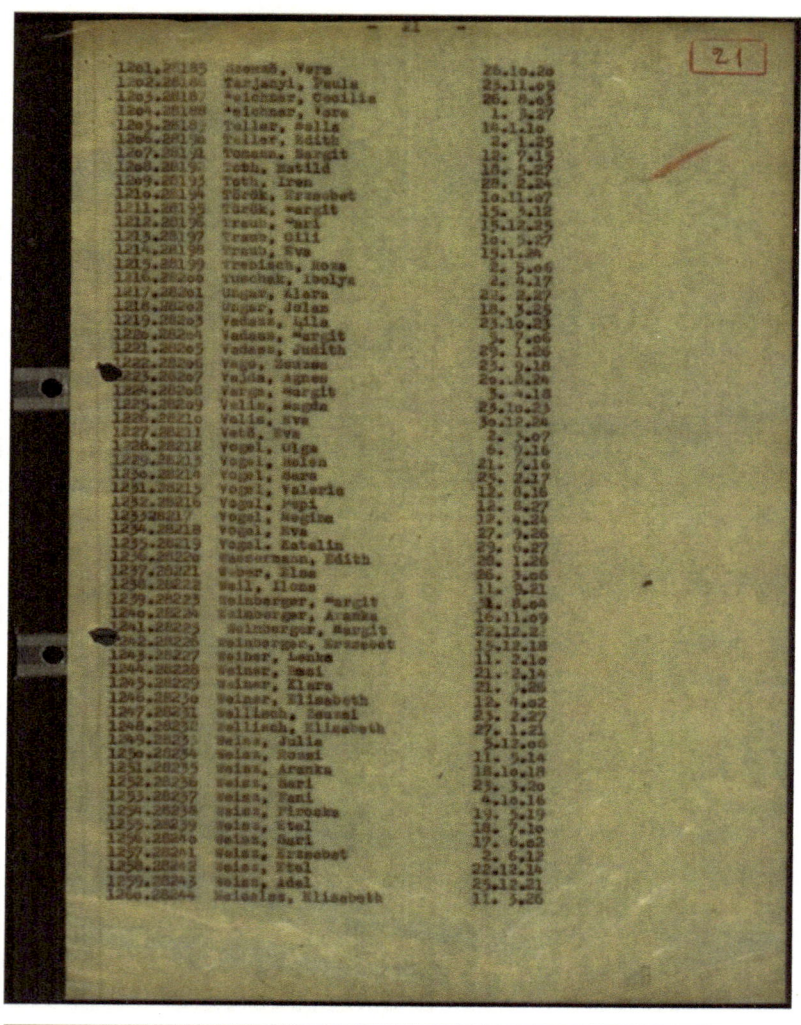

Abbildung 23b: Seite 21 der Deportationsliste vom KZ Auschwitz zum Arbeitslager Natzweiler. Elisabeth Meisels ist unter der laufenden Nummer 1260 als „Elisabeth Meiselss" erfasst. Auf dieser Seite sind auch Erzsebet Török (* 10.11.1907) und Margit Török (* 15.03.1912) zu finden. Die beiden Lagerschwestern von Pici überleben nicht.

Das Außenlager Walldorf existierte vom Sommer bis Ende 1944 und gehörte organisatorisch zum Konzentrationslager Natzweiler-Struthof. Die Zwangsarbeiterinnen waren von der Organisation Todt (OT) beim Reichssicherheitshauptamt angefordert worden und mussten Zwangsarbeit am Flughafen Frankfurt am Main verrichten.

Im Außenlager Walldorf wohnten die Frauen in sechs Baracken.

Abbildung 24: Diese Aufnahme entspricht dem Gesamteindruck und dem Barackentyp im Außenlager Walldorf. Ob es tatsächlich Walldorf ist, ist derzeit nicht gesichert.
© Cornelia Rühlig, Mörfelden-Walldorf.

HäftlNr.	Name	Geb.Dat.	Hauptberuf	Eingesetzt als:
28243	Weiss Adel	25.12.21.	Näherin	Hilfsarbeiter
28244	Meisels Elisabeth	11.3.26.	-"-	-"-
28245	Weiss Mariska	1o.8.2o.	Herrenschneiderin	-"-
28246	Weiss Erzsebet	21.11.o4.	Haushalt	-"-
28247	Weiss Eva	3.1o.26.	-"-	-"-
28248	Weiss Rozsi	1.8.18.	Näherin	-"-
28249	Weiss Aranka	1.9.22.	Mädarmacherin	-"-
2825o	Weiss Nelly	5.2.o8-	Näherin	-"-
28251	Weiss Magda	27.5.o2.	Beamtin	-"-
28252	Weiss Ilona	21.2.o1.	Kürschnerin	-"-
28253	Weiss Julia	13.3.23.	Haushalt	-"-
28254	Weiss Anna	1.7.25.	-"-	-"-
28255	Weiss Magda	27.3.1o.	Dipl.Pflegerin	-"-
28256	Weiss Olga	5.5.16.	Haushalt	-"-
28257	Weiss Magda	22.5.22.	-"-	-"-
28258	Weiss Gizella	12.9.o6	-"-	-"-
28259	Weiss Erika	13.1.27.	-"-	-"-
2826o	Weiss Sari	16.2.o5.	-"-	-"-
28261	Weiss Magda	4.4.24.	-"-	-"-
28262	Weissfeld Julia	1o.1o.o6	Näherin	-"-
28263	Wiesel Ilona	29.8.23.	-"-	-"-
28264	Wiesel Sara	14.4.27.	Haushalt	-"-
28265	Wiesel Rozsi	8.1.21.	-"-	-"-
28266	Wiesner Aranka	5.5.22.	Näherin	-"-
28267	Wince Margit	1.6.oo.	Haushalt	-"-
28268	Wirth Iren	3.1o.o6.	Haushalt	-"-
28269	Wohl Dora	3o.1o.11.	-"-	-"-
2827o	Wohlheimer Berta	17.6.18.	-"-	-"-
28271	Wohlstein Magda	26.9.24.	Näherin	-"-
28272	Wohlstein Regina	27.6.o6	Näherin	-"-
28273	Wollner Rozsi	19.3.o8	Haushalt	-"-
28274	Wollowits Ida	1.9.26.	-"-	-"-
28275	Zaborovszky Maria	9.5.21.	-"-	-"-
28276	Zala Klara	14.12.o5.	Strickerin	-"-
28277	Zaswel Margit	1.1o.23.	Haushalt	-"-
28278	Zaswel Terez	7.6.25.	-"-	-"-
28279	Zeisler Maria	17.5.25.	-"-	-"-
2828o	Zeisler Boriska	18.1.o9	-"-	-"-
28281	Ziegler Margit	1.2.25.	Fabriksarbeiterin	-"-
28282	Ziegler Rolla	16.12.26.	Kürschnerin	-"-
28283	Ziegler Gizella	2o.12.19.	-"-	-"-
28284	Zimmer Lilly	11.4.13.	Nähe-in	-"-
28285	Zipszer Klara	18.1o.15	-"-	-"-
28286	Zollner Ilona	14.1o.15	-"-	-"-
28287	Abrahám Etel	8.1o.24.	Fabriksarbeiterin	-"-
28288	Abelesz Jolan	16.9.13.	Haushalt	-"-
28289	Abelesz Nelly	6.9.12.	-"-	-"-
2829o	Abelesz Anna	14.3.24.	-"-	-"-
28291	Abelesz Sara	3o.12.14.	-"-	-"-
28292	Adler Maria	1.1.25.	-"-	-"-
28293	Adler Jolan	8.2.15.	-"-	-"-
28294	Adorjan Maria	19.8.1o.	Beamtin	-"-
28295	Altmann Vera	17.3.25.	Näherin	-"-
28296	Appelfeld Magda	12.7.14.	Haushalt	-"-
28297	Ausländer Terez	25.5.24.	-"-	-"-
28298	Bachrach Frida	24.12.o4.	-"-	-"-
28299	Beck Eszter	4.12.21.	Fabriksarbeiterin	-"-
283oo	Beck Maria	12.5.1o	Haushalt	-"-
283o1	Beck Vera	7.1o.25	-"-	-"-
283o2	Beck Frida	13.2.o6	-"-	-"-
283o3	Benisz Rozsi	26.5.23	Näherin	-"-

Abbildung 25: Liste der jüdischen Häftlinge des Arbeitslagers Frankfurt-Walldorf, Elisabeth Meisels hat die laufende Nummer 1225 und die Häftlingsnummer 28244.

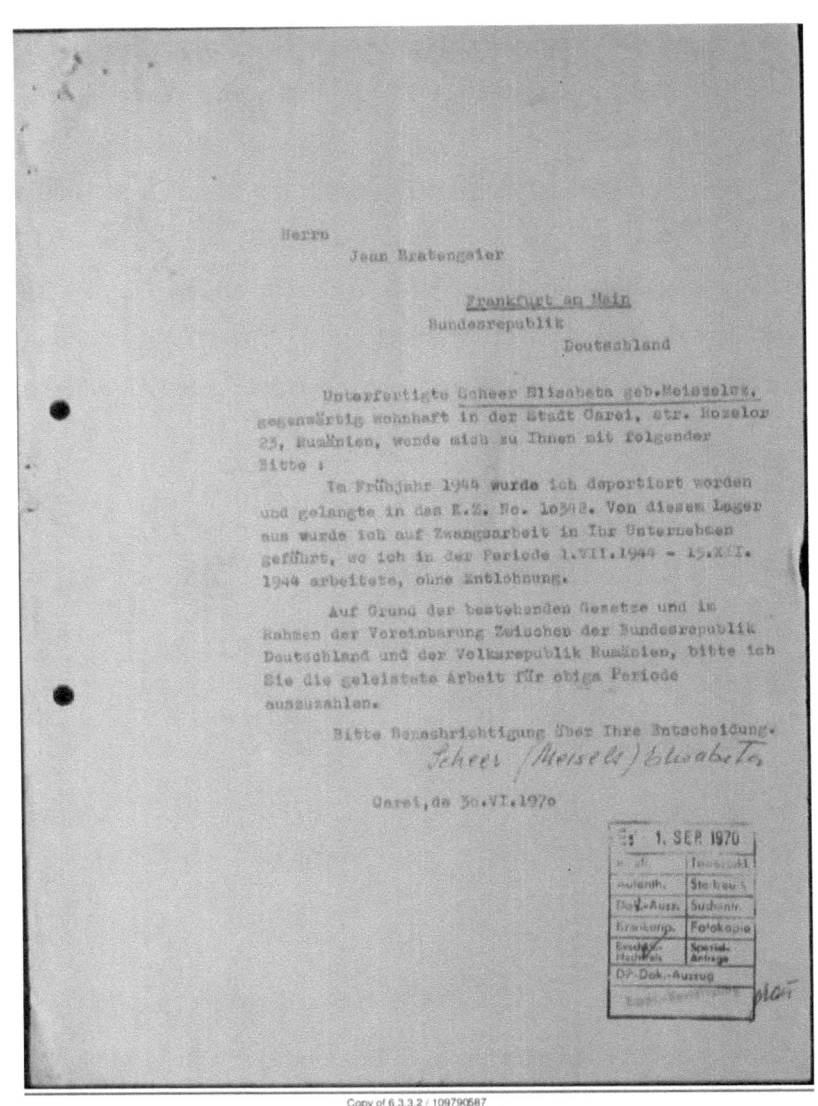

Abbildung 26: Schreiben von Pici an die Firma Jean Bratengeier vom 30.06.1970.

Von den 1.700 Frauen überlebten etwa 40-50 Frauen die Lagerzeit in Walldorf nicht. Von den restlichen 1.650-1.660 weiter deportierten Frauen überlebten nur etwa 300.

In ihrem Brief vom 30. Juni 1970 an die Baufirma ›Jean Bratengeier‹ ging Pici davon aus, dass sie in dieser Firma vom 01.07. bis zum 15.12.1944 unbezahlte Zwangsarbeit geleistet hatte. Wahrscheinlicher ist, dass sie nach drei Monaten Zwangsarbeit in Walldorf am 23./25.11.1944 im Frauenkonzentrationslager Ravensbrück ankam[3] und im berüchtigten Zelt unterkommen musste.[4]

Abbildung 27: Konzentrationslager Ravensbrück:
Frauen in Häftlingskleidung an einer Lore, undatiert.
© Bundesarchiv, Bild 183-1985-0417-15.

---

[3] Judith Buber Agassi: "Die jüdischen Frauen im Konzentrationslager Ravensbrück – Wer waren sie?", Lit Verlag, Berlin 2010, S. 113ff.

[4] Beschrieben auch in den Memoiren von Seren Tuvel Bernstein und Eva Langley-Dános.

Im Dezember 1944 starb Pici`s geliebter Bruder Béluska im Alter von nur 18 Jahren im Konzentrationslager Mauthausen, weit entfernt von seinen drei noch lebenden Schwestern.

44 Prozent der Jüdinnen in Ravensbrück waren zuvor in Auschwitz gewesen und dort bereits durch die Trennung und Ermordung ihrer Angehörigen traumatisiert worden.[5] In Ravensbrück angekommen, erlebten sie schlimmste Zustände, was Nahrung, Hygiene und Unterkunft betrafen.

Am 04. Januar 1945 wurde die Gaskammer im Frauenkonzentrationslager Ravensbrück in Betrieb genommen und kranke und schwache Häftlinge systematisch selektiert und vergast. Wissenschaftliche Schätzungen gehen von 6.000 Menschen aus, darunter 1.260 Jüdinnen, die in den letzten vier Monaten des Lagers auf diese Weise ermordet worden sind.[6]

Im Januar und Februar 1945 wütete zudem eine massive Typhusepidemie im Lager. Ende Februar 1945 gingen Anci und Icu in Ravensbrück in die Krankenreviere. Zu diesem Zeitpunkt sah Pici ihre Schwestern das letzte Mal.

Das Lager war durch die weiter durch Transporte oder Todesmärsche eintreffenden Häftlinge – auch aus Auschwitz – hoffnungslos überfüllt. Im April 1945 haben sich ungefähr 14.000 Häftlinge im Stammlager befunden.

Die Gedenkstätte Ravensbrück dokumentiert, dass die Klavierlehrerin Klara (*03.02.1910), die Pharmazeutin Anna (*01.12.1900) und die Haushälterin Elza/Elsa Oswat/Ozswat (*25.04.1907) sowie die Professorin Erzse-

---

[5] Judith Buber Agassi: "Die jüdischen Frauen im Konzentrationslager Ravensbrück – Wer waren sie?", Lit Verlag, Berlin 2010, S. 260.

[6] Judith Buber Agassi: "Die jüdischen Frauen im Konzentrationslager Ravensbrück – Wer waren sie?", Lit Verlag, Berlin 2010, S. 143f und 228.

bet Török (*10.11.1907; Haft-Nr. 88075) und die Beamtin Marta/Magda Török (*15.03.1912; Haft-Nr. 88076) inhaftiert waren.

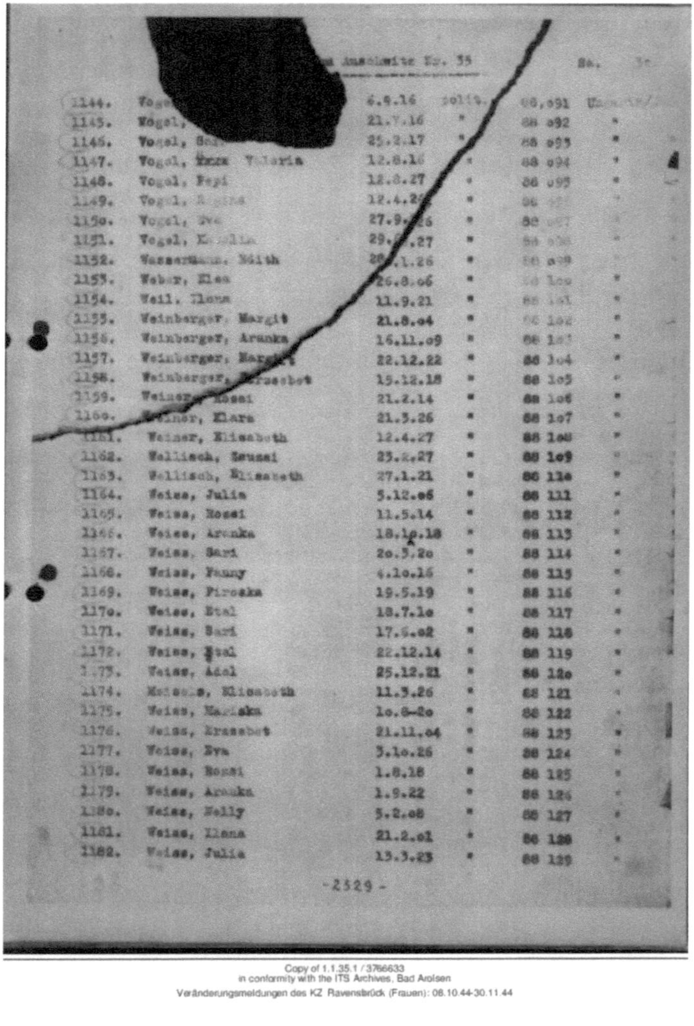

Abbildung 28: Liste des Frauenkonzentrationslagers Ravensbrück. Elisabeth Meisels hat die laufende Nummer 1174 und die Häftlingsnummer 88121. Sie wird als "politische" "Ungarin/Jüdin" geführt.

206

Zu Bella Wágner aus Oradea, Klári Moskovics, Gizi Weisz und Borá aus Budapest konnten keine Informationen gefunden werden. Allerdings sind vom KZ Ravensbrück nur 60-70 Prozent der Namen aller ehemaligen Häftlinge überliefert, da die SS im April 1945 die Original-Registratur im großen Umfang vernichtet hat.

Fotos aus dem Lager aus den Jahren 1944/45 sind so gut wie nicht vorhanden.

Pici wurde Ende Februar 1945 nach Retzin/Rechlin deportiert. Ella Guttmann (*15.01.1927 bzw. 22.10.1927/22; Haushälterin), die in Rechlin an Fieber erkrankte, hat unserer Erkenntnis nach überlebt.

Am 31.03.1945 starb jedoch Pici`s Lagerschwester Elza/Elsa Oswat/Ozswat, nur wenige Wochen vor der Befreiung. Das Außenlager des KZ Ravensbrück wurde am 02. Mai 1945 von der Roten Armee befreit. Die Soldaten trafen auf 71 Überlebende und 56 tote Häftlingsfrauen.[7] Pici war jedoch kurz zuvor, am 30. April 1945[8], auf einen Todesmarsch in Richtung Malchow getrieben worden, wo die Häftlinge am 01. Mai 1945 ankamen.

Nach den Recherchen von Heinrich Roß gab es in Retzin/Rechlin keine Sprengungen des Krankenreviers. Möglicherweise verwechselte Pici dies in ihren Erinnerungen mit den stattgefundenen Explosionen im KZ Ravensbrück.

Vermutlich vom 15. Mai bis 31. Juli 1945 wurde Pici im Krankenhaus Malchow behandelt.

---

[7] Heinrich Roß: "Das Barackenlager zu Retzow. Ein Außenlager des Frauenkonzentrationslagers Ravensbrück", 2. Auflage, Waren (Müritz) 2005, S. 32 und 36.

[8] Vgl. auch Judith Buber Agassi: "Die jüdischen Frauen im Konzentrationslager Ravensbrück – Wer waren sie?", Lit Verlag, Berlin 2010, S. 200.

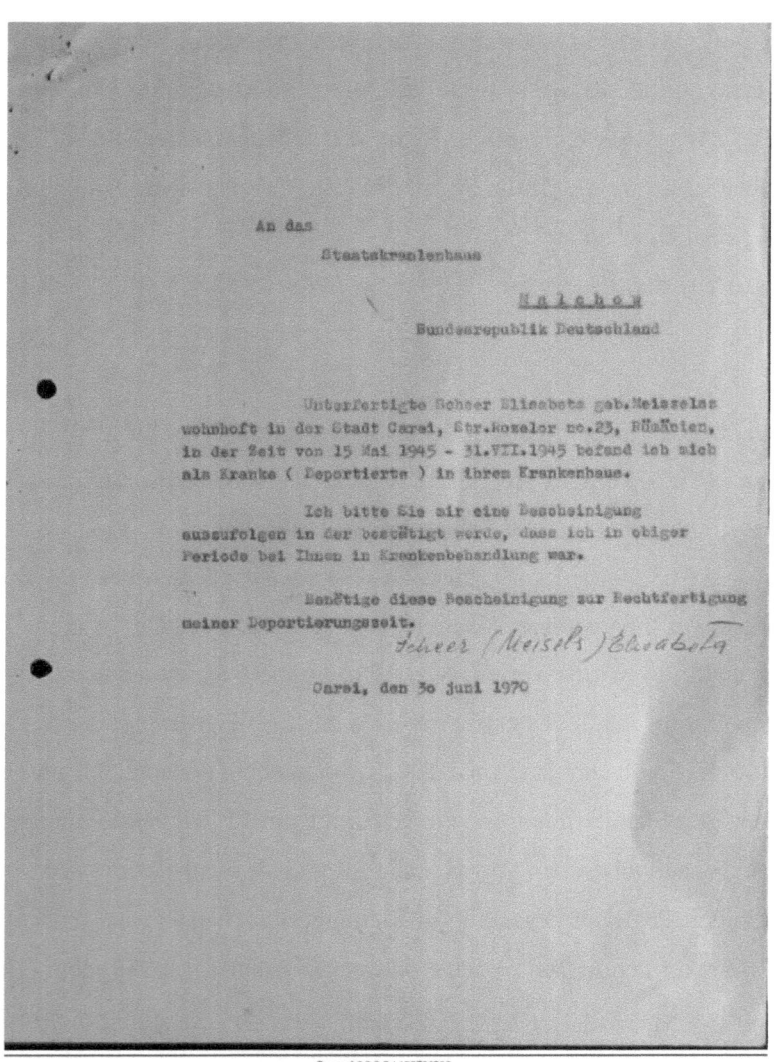

Abbildung 29: Um ihre Deportationszeit belegen zu können, braucht Pici auch die Bescheinigung des Krankenhauses in Malchow, wo sie vom 15. Mai bis 31. Juli 1945 behandelt worden ist. Am 18. August 1945 kam sie als einzige Überlebende ihrer Familie nach Carei zurück.

Am 24. Juli 1945 erhielt sie vom Kriegskommandanten einen ›Ausweisungsbefehl‹, sich in Richtung Heimat ›in Marsch zu setzen‹.

Am 18. August 1945 kam Pici in Carei an.

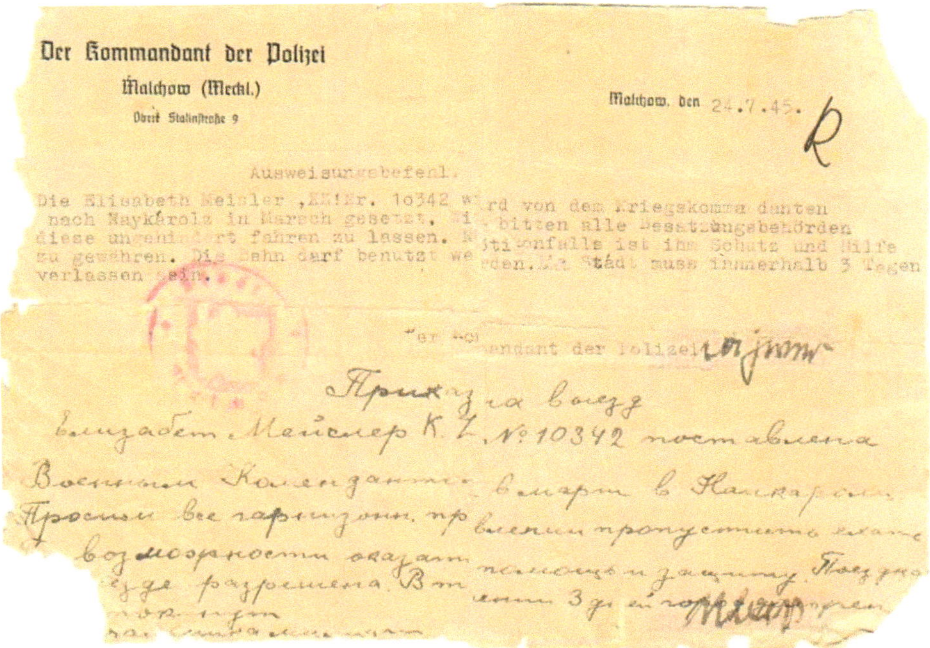

Abbildung 30: "Marschbefehl" vom Kommandant der Polizei in Malchow, ausgestellt am 24.07.1945 für Elisabeth Meisler, KZ-Nr. 10342, nach Naykarolz.

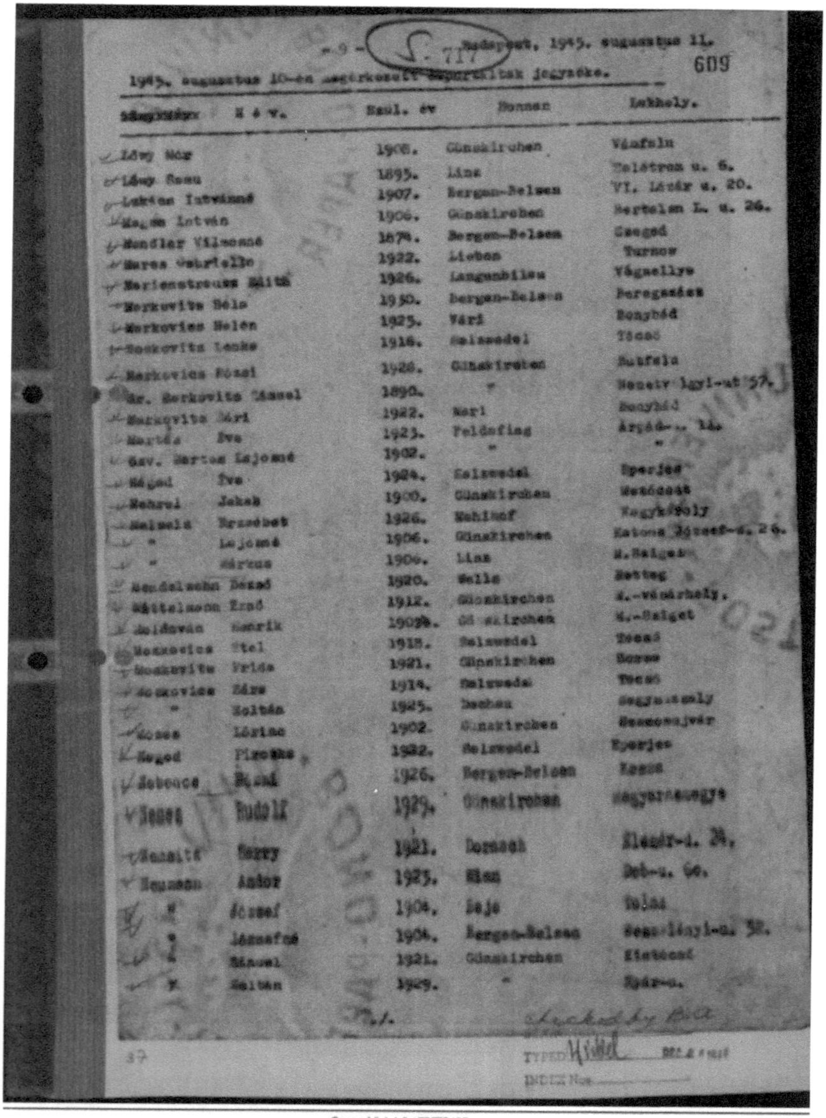

- 9 - S. 717 Budapest, 1945. augusztus 11.

609

1945. augusztus 10-én megérkezett deportáltak jegyzéke.

[illegible]	N é v.	Szül. év	Honnan	Lakhely.
Löwy	Mór	1908.	Günskirchen	Vásfeln
Löwy	Rezsu	1895.	Linz	Telétron u. 6.
Lukács	Istvánné	1907.	Bergen-Belsen	VI. Lázár u. 20.
Magán	István	1906.	Günskirchen	Bertalan L. u. 26.
Mendler	Vilmosné	1874.	Bergen-Belsen	Szeged
Mares	Gabriella	1922.	Lieben	Turnow
Marienstrauss	Edith	1926.	Langenbilau	Vágsellye
Markovits	Béla	1930.	Bergen-Belsen	Beregszász
Markovics	Helén	1925.	Vári	Bonyhád
Moskovits	Lenke	1916.	Salzwedel	Tőcsö
Markovics	Rózsi	1928.	Günskirchen	Rutfeld
özv. Markovits	Sámuel	1890.	"	Vészt Igyl-út 57.
Markovits	Mári	1922.	Mari	Bonyhád
Mártés	Éva	1923.	Feldafing	Árpád-u. 14.
özv. Martos	Lajosné	1902.	"	"
Mégad	Éva	1924.	Salzwedel	Eperjes
Mehrel	Jakab	1900.	Günskirchen	Mezőcsát
Meisels	Erzsébet	1926.	Mehlhof	Nagykároly
"	Lajosné	1906.	Günskirchen	Katona József-u. 26.
"	Márton	1904.	Linz	N.Salgeb
Mendelsohn	Dezső	1920.	Wells	Retteg
Mittelmann	Ernő	1912.	Günskirchen	H.-vásárhely.
[illegible]	Henrik	1909.	Günskirchen	N.-Salget
Moskovics	Etel	1918.	Salzwedel	Técsö
Moskovits	Frida	1921.	Günskirchen	Borsa
Moskovics	Sára	1914.	Salzwedel	Técsö
"	Zoltán	1925.	Dachau	Szegszárdely
Moses	Lőrinc	1902.	Günskirchen	Szamosujvár
Mogod	Piroska	1922.	Salzwedel	Eperjes
Mebonce	Rózsi	1926.	Bergen-Belsen	Kassa
Nemes	Rudolf	1929.	Günskirchen	Magyarszeg
Nemsits	Harry	1921.	Dornach	Sleadr-u. 24.
Neumann	Andor	1925.	Wien	Deb-u. 66.
"	József	1904.	Laja	Tolna
"	Józsefné	1904.	Bergen-Belsen	Szentlányi-u. 52.
"	Sámuel	1921.	Günskirchen	Kistécső
"	Zoltán	1929.	"	Rózsa-u.

checked by [illegible]

37

TYPED [illegible]

INDEX No.

Copy of 3.1.1.3 / 78775485
in conformity with the ITS Archives, Bad Arolsen
Erfassung von befreiten ehemaligen Verfolgten an unterschiedlichen Orten

Abbildung 31: Erfassungsliste von Überlebenden an verschiedenen Orten. Elisabeth Meisels wird als "Erzsèbet Meisels" erfasst. Bei "Mehlhof" dürfte es sich um Malchow im heutigen Mecklenburg-Vorpommern handeln.

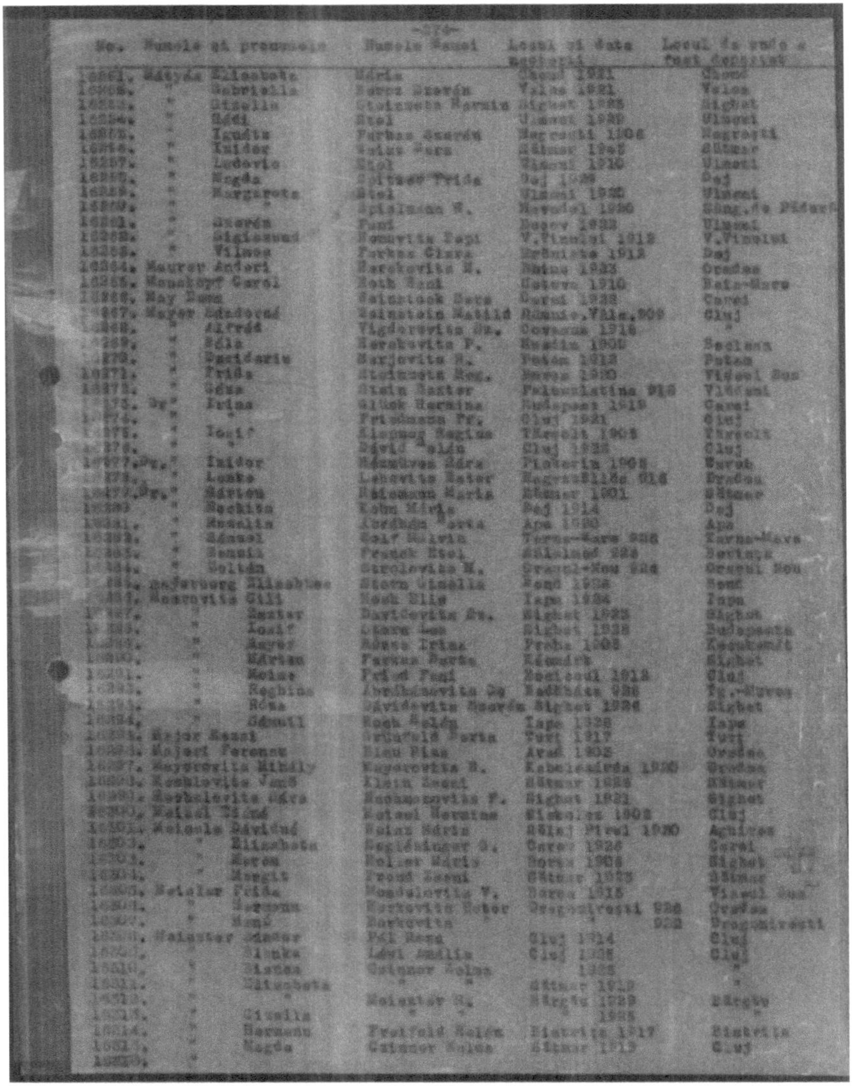

Abbildung 32: Auf der alphabetischen Liste der lebend zurückgekehrten Juden nach Transylvanien hat Pici / Elisabeta Meisels die laufende Nummer 16.301. Ihre Familienmitglieder wurden in den Konzentrationslagern ermordet.

Pici lernte Izidor Scheer kennen und am 25.12.1946 brachte sie ihr einziges Kind, ihren Sohn Iván zur Welt. Zwei Jahre zuvor starb am gleichen Tag ihr geliebter Bruder Béluska.

Die frühe Nachkriegszeit war für Pici durch die lang andauernde Behandlung ihrer schmerzhaften Krankheit, die höchstwahrscheinlich eine Folge der Konzentrationslager war, geprägt.

In den 1970er Jahren bemühte Pici sich um eine Entschädigung für ihre geleistete Zwangsarbeit bei der Firma ›Jean Bratengeier‹. 2016 erwähnt die Firma in ihrer traditionsreichen Firmengeschichte ihre eigene Funktion im NS-System und die Zwangsarbeit der jüdischen Frauen nicht.[9]

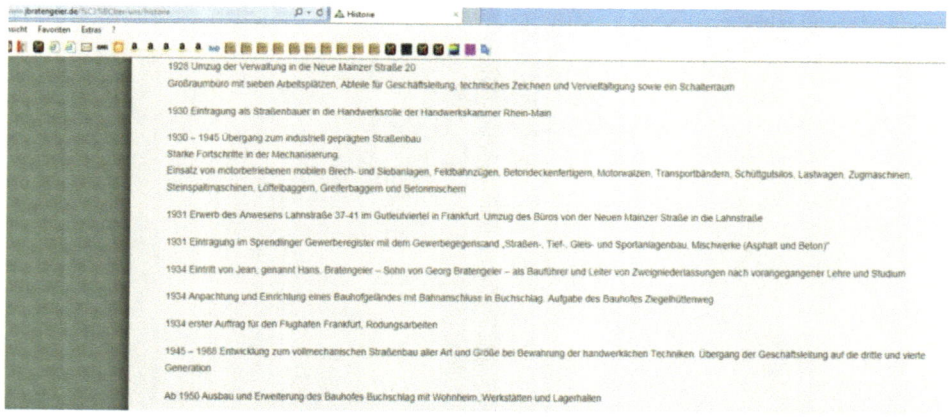

Abbildung 33: Screenshot eines Ausschnittes aus der Firmengeschichte
der Firma Jean Bratengeier vom 28.02.2016.

---

[9] Auf die Rechercheanfrage vom 16.01.2016 seitens der Verlegerin bei der Baufirma ›Jean Bratengeier‹ bezüglich Elisabeth Scheer reagierte die Firma nicht. In der Broschüre "Steine gegen das Vergessen. Stolpersteine in Mörfelden-Walldorf", Förderverein Jüdische Geschichte und Kultur im Kreis Groß-Gerau e. V., o.J., S. 27 wird von einem weiteren Zwangsarbeiter der Firma berichtet: Simon Goldschmidt aus Mörfelden.

COMITÉ INTERNATIONAL DE LA CROIX-ROUGE

SERVICE INTERNATIONAL DE RECHERCHES
3548 Arolsen · République fédérale d'Allemagne

INTERNATIONAL TRACING SERVICE	INTERNATIONALER SUCHDIENST
3548 Arolsen · Federal Republic of Germany	3548 Arolsen · Bundesrepublik Deutschland

Hi/G/Bie

Téléphone: Arolsen (05691) 637 · Télégrammes: ITS Arolsen

Arolsen, den 21. Mai 1971

Frau
Elisabeta Scheer

C A R E I
Str. Rozelor 23
Rumänien

Unser Zeichen
(bitte angeben)
T/D 996 768

Ihr Schreiben vom
30.6.1970 an Herrn Jean
Bratengaier, Frankfurt/M,
sowie Ihr Schreiben vom
17.11.1970 an uns

Betrifft: Ihren Antrag

Sehr geehrte Frau Scheer!

Wir nehmen Bezug auf Ihre Anfrage an Herrn J. Bratengaier welche uns zu-
ständigkeitshalber zur Bearbeitung übersandt wurde, sowie auf Ihr Schreiben an uns und teilen Ihnen mit, daß aufgrund Ihrer Angaben eine Über-
prüfung der uns zur Verfügung stehenden Unterlagen durchgeführt wurde.

Als Ergebnis dieser Ermittlungen übersenden wir Ihnen in der Anlage
einen Auszug aus unseren Konzentrationslager-Dokumenten, der alle hier
vorhandenen Angaben über Ihre Inhaftierung enthält.

Unterlagen über Ihre Krankenbehandlung liegen hier nicht vor.

Zu den weiteren Ausführungen in Ihrem Schreiben bezüglich einer Entschädigung für geleistete Arbeit während Ihrer Inhaftierungszeit ver-
weisen wir auf den vorletzten Absatz unseres Merkblattes welches wir
Ihnen am 9. September 1970 übersandten.

Wir hoffen, Ihnen mit der Übersendung des Dokumenten-Auszuges geholfen
zu haben und verbleiben

mit vorzüglicher Hochachtung

A. de Cocatrix
Direktor des ITS

Anlage: 1

Abbildung 34: Antwortschreiben des Internationalen Roten Kreuzes vom 21. Mai
1971 auf ein Schreiben von Pici von November 1970.

COMITÉ INTERNATIONAL DE LA CROIX-ROUGE

SERVICE INTERNATIONAL DE RECHERCHES
3548 Arolsen · République fédérale d'Allemagne

INTERNATIONAL TRACING SERVICE   INTERNATIONALER SUCHDIENST
3548 Arolsen · Federal Republic of Germany   3548 Arolsen · Bundesrepublik Deutschland

EXCERPT FROM DOCUMENTS about the stay in former concentration or labour camps	EXTRAIT DE DOCUMENTS sur le séjour dans les anciens camps de concentration ou de travail	DOKUMENTEN-AUSZUG über Aufenthalt in ehemaligen Konzentrations- und Arbeitslagern

Votre Réf.
Your Ref.
Ihr Akt.-Z.   T/D 996 768

Nom/Name: MEISELS   Prénoms/First names: Elisabeth   Nationalité: ungarisch

Date de naissance/Geburtsdatum: 11.3.1926   Lieu de naissance/Geburtsort: nicht angeführt   nicht angeführt

Noms des parents/Namen der Eltern: nicht angeführt   nicht angeführt

nicht angeführt

Arrêté le/Verhaftet am: nicht angeführt   nicht angeführt   nicht angeführt

Natzweiler/Kommando Frank-
furt/M (Flughafen)   No. de détenu/Häftlings-Nr.: 28244

27. August 1944   Konzentrationslager Auschwitz

"polit." (*politisch), "Jüdin"

nicht angeführt. War noch am 5. September 1944 im Konzentrationslager
Natzweiler/Kommando Frankfurt/Main (Flughafen) und wurde zum Konzentrationslager Ravensbrück überstellt. Häftlings-Nr. 88121 (Datum nicht angeführt).

keine weiteren Informationen

Bei der in Ihrem Antrag angegebenen Häftlings-Nr. 10342 könnte es sich
nach unseren Erfahrungen um eine Häftlings-Nr. der A-Nummern-Serie des
Konzentrationslagers Auschwitz handeln die in den hier vorliegenden unvoll-
ständigen Unterlagen nicht erscheint. Nach den Feststellungen, die wir treffen
konnten, wurde die Häftlings-Nr. A 10342 des (Fortsetzung siehe Rückseite)

Zugangsliste des Konzentrationslagers Natzweiler und Zugangsliste
des Konzentrationslagers Ravensbrück.

Frau
Elisabeta Scheer   Arolsen,
CARMI

(bitte wenden)   (bitte wenden)

Direktion
Service International de Recherches   Section des Archives

Copy of 6.3.3.2 / 109790590
in conformity with the ITS Archives, Bad Arolsen
Korrespondenzakte T/D - 996 768

Abbildung 35a:
Seite 1 des Schreibens vom Internationalen Roten Kreuz vom 21. Mai 1970.
Es wird Auskunft gegeben, wann die Deportationen vermutlich stattgefunden haben.

Bemerkungen: (Fortsetzung) Konzentrationslagers Auschwitz um den
25. Juli 1944 (Transport von RSHA Ungarn) und die Häftlings-Nr. 88121 des
Konzentrationslagers Ravensbrück um den 24. November 1944 (Transport von
Konzentrationslager Auschwitz über Konzentrationslager Natzweiler) ausge-
geben.--

In unseren Unterlagen sind noch folgende Angaben enthalten:

        Der Name
        MEIBELS, Elisabeta, geboren 1926 in Carei,
        Mutter: Schlesinger G. erscheint
        in einer NOMINAL LIST OF JEWS FROM NORTH TRANSYLVANIA,
        WHO RETURNED FROM DEPORTATION, mit folgenden Angaben:
        Ort von wo deportiert: Carei.

                    Arolsen, den 21. Mai 1971

            A. OPITZ   H. SIEDEL
         pour le Directeur
Service International de Recherches   Section des Archives

                                                    000007

Abbildung 35b:
Seite 2 des Schreibens vom Internationalen Roten Kreuz vom 21. Mai 1970.

Pici, körperlich nicht einmal 150 Zentimeter gross, hat in ihrem Leben viel Größe bewiesen. Während dieses Buchprojektes ist sie mir ans Herz gewachsen. Dass sie sich und ihren Werten trotz der traumatisierenden Erlebnisse treu geblieben ist und sie so viel Liebe in sich bewahren und in ihrer eigenen Familie weitergeben konnte, ist für mich beeindruckend. Judith Buber Agassi schrieb: »Der Humanismus und die Forderung, diejenigen zu unterstützen, die schwächer sind als man selbst, die die jüdische Erziehung insbesondere den Mädchen mitgab, half ihnen, die Schrecken ihrer Gefangenschaft zu ertragen und dabei ihre Würde und Menschlichkeit zu bewahren.«[10]

Leider konnten wir im Rahmen des Buchprojektes nicht den Verbleib und das Schicksal aller vorkommenden Personen klären. Wir freuen uns aber diesbezüglich über Informationen.

Jana Reich, im März 2016

---

[10] Judith Buber Agassi: "Die jüdischen Frauen im Konzentrationslager Ravensbrück – Wer waren sie?", Lit Verlag, Berlin 2010, S. 271.

Personenregister

Literaturverzeichnis

Literatur zu Frauen in NS-Konzentrationslagern und speziell zu Ravensbrück

Gisela Bock (Hg.): **Genozid und Geschlecht. Jüdische Frauen im nationalsozialistischen Lagersystem,** Campus Verlag, Frankfurt/Main 2005.

Judith Buber Agassi: **Die jüdischen Frauen im Konzentrationslager Ravensbrück. Wer waren sie?,** Lit-Verlag, Münster 2010.

Linde Apel: **Jüdische Frauen im Konzentrationslager Ravensbrück 1939-1945,** Metropol-Verlag, Berlin 2003.

Irith Dublon-Knebel (Hrsg.): **Schnittpunkt des Holocaust. Jüdische Frauen und Kinder im Konzentrationslager Ravensbrück,** Metropol-Verlag, Berlin 2009.

Rochelle G. Saidel: **The Jewish Women of Ravensbruck Concentration Camp,** University of Wisconsin Press, 2004.

Erika Buchmann: **Die Frauen von Ravensbrück,** Kongress Verlag, Berlin 1959.

Sigrid Jacobeit in Zusammenarbeit mit Elisabeth Brümann-Güdter (Hg.): **Ravensbrückerinnen,** Edition Hentrich, Berlin 1995.

Jack G. Morrison: **Ravensbrück. Das Leben in einem Konzentrationslager für Frauen 1939-1945,** Pendo, Zürich 2002.

Bärbel Schindler-Saefkow unter Mitarbeit von Monika Schnell (Mahn- und Gedenkstätte Ravensbrück): **Gedenkbuch für die Opfer des Konzentrationslagers Ravensbrück 1939-1945,** Metropol-Verlag, Berlin 2005.

Helga Schwarz und Gerda Szepansky (Hg.): **...und dennoch blühten Blumen. Frauen-KZ Ravensbrück. Dokumente, Berichte, Gedichte und Zeichnungen vom Lageralltag 1939-1945,** Brandenburgische Landeszentrale für politische Bildung, Potsdam 2000.

Grit Philipp und Christa Schikorra: **Aber nie, nie im Leben hab`ich mir vorgestellt, dass sowas möglich ist. Chronologie und Texte zur Geschichte des Frauen-KZ Ravensbrück.** Berlin 2001.

Bernhard Strebel: **Das KZ Ravensbrück. Geschichte eines Lagerkomplexes,** Schöningh, Paderborn 2003.

Grit Philipp: **Kalendarium der Ereignisse des Frauen-Konzentrationslagers Ravensbrück 1939-1945,** Berlin 1999.

Germaine Tillion: **Frauenkonzentrationslager Ravensbrück,** zu Klampen, Lüneburg 1998.

Simone Erpel: **Zwischen Vernichtung und Befreiung. Das Frauen-Konzentrationslager Ravensbrück in der letzten Kriegsphase,** Metropol-Verlag, Berlin 2005.

Sigrid Jacobeit (Hg.) in Zusammenarbeit mit Simone Erpel: **Ich grüße Euch als freier Mensch. Quellenedition zur Befreiung des Frauen-Konzentrationslagers Ravensbrück im April 1945,** Berlin 1995.

Barbara Degen: **Das Herz schlägt in Ravensbrück. Die Gedenkkultur der Frauen,** Verlag Barbara Budrich, Opladen 2010.

Informationen zum Außenlager Walldorf

Magistrat der Stadt Mörfelden-Walldorf, Cornelia Rühlig: **"Das Geheimnis der Erlösung heißt Erinnerung..." Ein Begleitheft zum Historischen Lehrpfad am ehemaligen KZ-Außenlager Walldorf,** 2. Auflage, Mörfelden-Walldorf 2003.

Magistrat der Stadt Mörfelden-Walldorf, Cornelia Rühlig: **"Das Geheimnis der Erlösung heißt Erinnerung..." Ergänzung 2008,** Mörfelden-Walldorf 2008.

Film zum Außenlager Walldorf: **„Die Rollbahn"** (90 Minuten, Deutschland 2003) von Malte Rauch, Eva Voosen und Bernhard Türcke.

Margit-Horváth-Stiftung: www.margit-horvath.de

Abbildungsverzeichnis

Bundesarchiv: 12, 13, 27

International Tracing Service (ITS), Arolsen: 14, 23a, 23b, 25, 26, 28, 29, 31, 32, 35a, 35b

Yad Vashem: 22

Rijksmuseum in Amsterdam: 15

Cornelia Rühlig, Mörfelden-Walldorf: 24

Privatbesitz Robert Scheer: 1, 2, 3, 4, 5, 6, 7, 8, 9, 10, 11, 16, 17, 18, 19, 20, 21, 30, 34

Verlag: 33

Wir danken allen Institutionen und Beteiligten für die Bereitsstellung der Bilder.

Danke

Desweiteren möchten Autor und Verlegerin für Informationen herzlich Danke sagen bei Monika Schnell (Gedenkstätte Ravensbrück) und Cornelia Rühlig (Gedenkstätte Walldorf). Dem ITS in Arolsen danken wir für die zeitnahe Bearbeitung unseres Antrages.

Sach- und Fachbücher
- Gesellschaftskritik
- Frauen-/ Männer-/ Geschlechterforschung
- Holocaust/ Nationalsozialismus/ Emigration
- (Sub)Kulturen, Kunst & Fashion, Art Brut
- Gewalt und Traumatisierungsfolgen
- psychische Erkrankungen

sowie
… junge urbane Gegenwartsliteratur,
Krimis / Thriller, Biografien

… Art Brut und Graphic Novels

www.marta-press.de

Aus unserem Programm:

- Lerke Gravenhorst / Ingegerd Schäuble: "Fatale Männlichkeit. Der NS-Zivilisationsbruch. Ein neuer Blick" Mit Beiträgen von Hanne Kircher, Jürgen Müller-Hohagen und Karin Schreifeldt.

- Robert Claus, Juliane Lang, Ulrich Peters (Hg.): "Antifeminismus in Bewegung"

- Rena Kenzo: "»Teil eines Ganzen sein« Extrem rechte Frauen in Deutschland von 1945 bis 2000"

- Jana Reich: "»Nichts in meinem Leben ist normal, nichts...« Die Traumata im Leben der Künstlerin Eva Hesse (1936-1970)"

- Ulla Rogalski: "Ein ganzes Leben in einer Hutschachtel. Geschichten aus dem Leben der jüdischen Innenarchitektin Bertha Sander 1901-1990"

- Sylvia Steckmest: "Die Geschwister Heinrich Heines: Charlotte, Gustav und Maximilian"

www.marta-press.de

- Sheila Jeffreys: "Die industrialisierte Vagina. Die politische Ökonomie des globalen Sexhandels"

- Anna Lena Dewald: "Das Prostitutionsgesetz in Deutschland. Eine Bestandsaufnahme"

- Anita Kienesberger "Fucking Poor. Was hat »Sexarbeit« mit Arbeit zu tun? Eine Begriffsverschiebung und die Auswirkungen auf den Prostitutionsdiskurs"

- Sandra Müller: "Ehrbare Frauen. Zwischen Schauspiel, Macht und Erniedrigung - Einblicke in die Leben von Dominas und Prostituierten"

- Jana Reich: "Die harte Show. Leben und Illusionen in der Sexindustrie"

- Anika Meier: "All Dolled Up. Möglichkeiten der Transformation in der Praxis des *Female Masking*"

- Ilse Jung: "RuhrgeBEATgirls. Die Geschichte der Mädchen-Beatband *The Rag Dolls* 1965 - 1969"

www.marta-press.de